我真正的家，就在當下

一行禪師的生命故事與教導

at Home in the world

Stories and Essential Teachings from a Monk's Life

教導不光是口說言傳，而是透過你如何過人生來教導的。
我的人生就是我的教導。我的人生就是我傳達的信息。

——釋一行

目錄

戰爭與流亡 57

梅村的綻放 129

自在於世間 185

我到了 219

關於一行禪師 267

自在於世間

在一九六八年越戰期間，我率領「越南佛教和平代表團」（Vietnamese Buddhist Peace Delegation）赴法國參加「巴黎和談」。我們的任務是代表越南大多數人民，說出反對戰爭的心聲。我在日本發表過一場公開演說，從日本飛回國的途中暫停紐約，與朋友阿爾扶德・海斯勒（Alfred Hassler）見面，他是「和解協會」（Fellowship of Reconciliation）的成員，這個組織致力於結束越戰並促進社會正義。但是我並沒有過境簽證，所以當我飛抵西雅圖時，便被隔離在一間上了鎖的房間裡，不准與任何人見面或交談。房間的牆壁上，貼滿了捉拿通緝犯的海報。官方拿走了我的護照，也不准我與任何人聯絡。一直到好幾個小時之後，我的飛機即將起飛前，才將護照還給我，並護送我上機。

在兩年前，亦即一九六六年，當時我正在華盛頓特區參加會議，有位《巴爾地摩太陽報》的記者告訴我，西貢發來電報催促美國、法國、英國、及日本政府不要再承認我的護照，因為他們覺得我一直發表言論，反對他們在戰爭中對抗共產黨的努力。而這些政府妥協了，於是我的護照便失效了。我在華盛頓特區的一些朋友催促我躲藏起來，但是留在美國就得冒著被遣返及坐牢的危險。

所以我沒有躲藏，而是向法國尋求政治庇護。法國政府核准了我的庇護要求，我因而能夠獲得一份「無國籍者」的旅行公文。「無國籍者」的意思就是，你不屬於任何國家，你變成沒有國家的人。帶著這份公文，我可以前往簽署了「日內瓦公約」的任何歐洲國家。但若是要去美國或加拿大等其他國家，我仍然需要申請簽證，這對於並非任何國家公民的人來說，是件非常困難的事。我最初的打算是，離開越南三個月，好在康乃爾大學講授一系列的課程，並在美國及歐洲進行旅行演說呼籲和平，然後就再度回家。我的家人，我所有的朋友及同事——我的整個人生——都在越南。然而我最終卻落得流亡在外將近四十年。

每一次我申請赴美國的簽證，就被自動拒絕。政府當局並不希望我去，他們相信我可能會對美國出兵越戰的努力有所危害。我不准去美國，也不准去英國。我必須寫信給有力人士，像是麥高文參議員及羅伯・甘迺迪參議員，請求他們寄邀請信給我。他們的回覆會像這樣：「親愛的一行禪師，我想多加了解越南戰爭的情況。請您來訪並告知。如果您在取得簽證上遭遇困難，請打這個電話號碼……」只有拿著這樣的信，我才能申請到簽證；否則，根本毫無可能。

我必須承認，流亡的前兩年是十分困難的。雖然我已經是一個四十歲，並且有許多弟子的法師，但是我還沒有找到我眞正的家。我可以就佛教修行給予很好的開示，但是我還沒有眞正到家。在理智上，我對佛教非常了解，我已在佛教機構受過多年的訓練，並且自十六歲起就開始修行，但是我當時還沒有眞的找到，我眞正的家。

我想要在美國旅行演說的意圖是，將越南在戰爭中的眞實情況告訴人們，那是他們無法從收音機或新聞報導中得知的。旅途中，在每一個拜訪的城市裡，我只能待一、兩夜。有時候，當我在半夜醒來時，並不知道自己身在何處。那是很艱難的。我必須深呼吸，回想起來我是在哪一個國家，在哪一座城市。

在那段期間，我重複夢見我在越南中部，我的祖庭寺廟裡。我正在爬一座種滿了美麗林木的青山，而爬到山腰時，我就會醒來並意識到我正在流亡中。這個夢一而再地出現。而在同一時期，我也很積極活躍，學習如何與各國兒童玩耍：德國兒童、法國兒童、美國兒童、及英國兒童。我廣交朋友，英國國教修士、天主教修士、新教牧師、猶太拉比、伊斯蘭教教長等等。我的修行是正念（mindfulness）修行。我試著活在當下（此時此地），並去接觸每天日常生活中的美妙。多虧了這種修行，才能讓我生存下來。歐洲的樹木與越南的樹木，如此地不同。果實、花朵、人們都完全不一樣。這個修行將我帶回到當下，此時此地我真正的家。我終究停止受苦了，而那個夢也從未再出現了。

人們或許以爲，我受苦是因爲我不被允許回去越南的家。但其實不是這樣。當我最後被允許回去時，在將近四十年的流亡之後，能夠爲那裡的許多出家僧尼及在家信眾，提供正念以及「入世佛教」（Engaged Buddhism）的修行及教法，是令我衷心喜悅的。而有時間與藝術家、作家，及學者們交談對話，也的確是賞心樂事。然而，當再度離開祖國的時間到來時，我並未受苦。

「我已抵達，我到家了。」這個表述就是我修行的具體實踐。它表達了我對佛陀教法的理解，也是我修行的實質精髓。自從我找到眞正的家以來，我從未再受苦。過去對我來說，已不再是囚牢，而未來也不是囚牢。我能夠活在當下（此時此地），並接觸到我眞正的家。透過每一個呼吸以及踏出的每一步，我都能夠到家。我不必去買飛機票，不必通過安全檢查，在幾秒鐘之內，我就能夠到家。

當我們深刻地觸及現在此刻時，我們便能夠觸及過去以及未來；而如果我們知道如何恰當地處理現在，我們便能夠療癒過去。正是因爲我沒有自己的國家，我才有機會找到我眞正的家。這一點很重要。正是因爲我不屬於任何一個國家，所以我必須奮力突破，並找到我眞正的家。我們不被接納，我們不屬於任何地方，沒有國籍身分，這種感覺能夠激發出我們所需要的突破力，以找到我們眞正的家。

越南時光

吃餅乾

在我四歲大時，我母親每次上市場回來，都會帶餅乾給我。而我就會到前院去慢慢地品嚐；有時候我會花上半小時或四十五分鐘吃一塊餅乾。我會咬一小口，然後仰頭向上觀望天空；接著我會用腳去碰觸小狗，然後再咬另一小口。我單純就是享受置身於那裡，與天空、土地、竹林、貓、狗、以及花同在一起。我可以花這麼多時間吃餅乾，因爲我並沒有什麼好憂慮的。我沒有思慮未來，也沒有追悔過去。我完全地安住於當下，與餅乾、狗、竹林、貓，以及一切同在。

我們可以像我小時候吃餅乾一樣，慢條斯理並滿心喜悅地吃飯，這是做得到的。或許你認爲，你已經失去了孩提時代的餅乾了，但我確定它還在，在你心裡的某個地方。一切都仍然在那裡，而且如果你眞的想要，你便能夠找到它。正念分明地進食，是一個最重要的禪修練習。我們可以用一種方式進食，那種能將我們孩提時的餅乾帶回生命裡的方式。現在此刻，使充滿了喜悅與快樂。如果你注意，你就會看到。

樂活人生

我年輕時，越南的生活和現在十分不同。一個生日宴會，一場詩歌朗誦，或是某位家人的忌日，都要持續一整天，而非只是幾個小時。你什麼時候到達，什麼時候離開都可以。你不需要擁有一輛車或腳踏車，只要走路就好。如果你住得遠，那就提早一天出發，在半路上投宿朋友家。不管你什麼時候到達，都會受到歡迎，也會有飯吃。每當有四個人到達時，他們就坐同一桌吃飯。如果你是第五位，你就等另外三位到達時再一起吃。

「閒」這個中文字，就是「門」裡面有「月」。它的意思就是，只有當你眞正閒下來時，你才有時間去觀看和欣賞月亮。今天，我們大多數人都沒有這種閒情逸致了。我們擁有更多金錢與物質上的享受，但是並沒有更快樂；因爲我們根本沒有空閒時間，去享受彼此的陪伴。

有一種過日常生活的方式，能夠將普通的生活轉變爲心靈生活。甚至像是「正念分明地喝茶」這種很簡單的事，也可以是很深刻的心靈體驗，那能夠豐富我們的生命。爲什麼人們要花兩小時，只是喝一杯茶呢？從商業觀點來看，這是浪費時間。但是時間就是金錢，而時間比金錢更有價值多了。時間就是生命；與生命相比，金錢什麼都不是。聚在一起喝兩小時的茶，我們沒有賺到錢，但是賺到了生命。

有廁所的喜悅

有些人可能會問說：「清掃廁所時，我怎麼可能會快樂呢？」但事實上，我們有廁所可以清掃，就是幸運的。當年我在越南，還是個沙彌時，我和超過一百個人同住在一間寺廟裡，連一間廁所也沒有，然而我們還是想辦法活過來了。在寺廟周遭有灌木叢和山丘，所以我們就是去山上解決。在山上可沒有捲筒衛生紙，你必須要帶乾的芭蕉葉，或希望能找到一些落葉可以用。甚至在我小時候，出家之前，我們家裡也沒有廁所。只有少數有錢人能夠有廁所，其他人都必須去稻田裡或是山上。在那時候，越南有兩千五百萬人，大多數人都沒有廁所可用。所以，光是有廁所可以清掃，就足夠讓我們快樂了。當我們體認到，我們其實已經擁有比快樂所需的條件還更多時，我們就能夠眞正地快樂。

葉子

當我還是小孩子時，有一天我看到前院裡，用來儲水的大土缸底部有一片很漂亮的葉子。它的色彩斑斕，我想要把它撈出來玩，但是我的手臂太短，搆不到水缸底部。所以我拿了根棍子，想要把它弄出來。那實在很困難，因此我漸漸失去耐心了。我攪動了二十次，三十次，但是葉子還是不上升到水面來。所以我放棄了，把棍子丟到一邊去。

幾分鐘之後我回來，很驚訝地發現到，葉子浮到水面上來了，於是我把它撿起來。在我離開期間，水仍繼續轉動，並已經把葉子帶到水面上來了。這就是我們無意識心運作的方式。當我們有個問題要解

決時，或是想要更透徹地了解某個情況時，我們需要信任地將找到解決辦法的任務，託付給我們更深層的意識。用我們的思量心苦苦掙扎，並沒有用。

你可以在入睡前告訴自己：「我明天要在四點半醒來。」第二天你自然就在四點三十分醒來。我們的無意識心，佛教稱為「藏識」，它知道如何聆聽。它與心的思考部分一起合作，思量心是我們日常中經常使用的。當我們禪修時，我們不僅使用我們的意識心，我們還必須使用並信任我們的藏識。當我們在意識裡種下一個問題或難題的種子時，我們必須信任，某個洞見終究會浮升到表面上來。深深地呼吸，深入地觀察，並讓我們就單純如是，會幫助我們的藏識提出最佳的洞見。

佛陀的畫像

在我七、八歲還是個小男孩時，我碰巧在一本佛教雜誌的封面上，看到一幅佛陀的畫像。佛陀坐在草地上，非常安詳，令我印象深刻。我認爲那位畫家，當時必定是內在非常安詳平靜，才能夠畫出這麼特別的畫像。光是看著畫像，就讓我十分快樂，因爲在那時候，我周遭的人們根本就不怎麼平靜或快樂。

看著這麼安詳的畫像，我心中出現了一個念頭，想要成爲像佛陀這樣，可以坐得非常安穩平靜的人。我想那是我第一次想要出家成爲和尚，雖然那時候我還不知道如何表達。

佛陀並不是神，他像我們其他人一樣，就是個人。如同我們多數人一樣，他在青少年時期也很痛苦。他看見國家裡的痛苦，他看見父親淨飯王如何設法減輕周遭的痛苦，但似乎無能爲力。對年輕的悉達多來說，政治似乎沒有效用。即使只是十多歲的青少年，他已經在尋找出離痛苦之道了。雖然他生爲王子，但一切物質享受也無法讓他快樂、自在或安詳。他離開了生長的皇宮，去尋找出離痛苦之道，並找到他眞正的家。

我想今天有許多年輕人，與年輕的悉達多有相同的感覺。我們都在尋找某些良好、眞實，且美麗的東西，好遵循奉行。但環顧四周，我們找不到追尋的東西，變得迷惑了。即使在我很年輕時，就已經有那種感覺了。因此，當我看到佛陀的畫像時，我非常快樂。我就是想要像他一樣。

我學習到，如果我修行得好，就能夠像一位佛陀。任何人只要安詳、慈愛，並且有智慧，就能被稱爲一位佛陀。過去曾有許多位佛陀，現在有許多位佛陀，而未來也會有許多位佛陀。「佛陀」並不是某個特定人士的名字，「佛陀」只是個一般名詞，用來稱呼任何一位有著高度安詳、高度智慧及悲憫心的人。我們所有人都具有能力，能夠被稱爲佛陀。

萬花筒

在我還是個小孩子時，我常常玩萬花筒玩得不亦樂乎，那是我用一條管子和一些碎玻璃做成的。當我轉動管子時，就會呈現許多很奇妙的圖形和顏色。每次我稍微移動一下我的手指，一個圖像就消失，繼而出現下一個。當第一個視覺圖像消失時，我完全不會哭，因爲我知道並沒有丟失什麼東西，總是會接著出現另一個美麗的景象。

當我們看向萬花筒裡面時，我們看見一個美麗而對稱的圖像，而每當我們轉動萬花筒時，這個圖像就消失了。可以說這是一次生或一次死嗎？或者這個圖像只不過是一種顯現？在這個顯現之後，就會有另一個同樣美麗的顯現——什麼都沒失去。我曾經看過有人帶著微笑非常安詳地死去，因爲他們知道，生與死只不過是海面上的浪花，不是海洋本身，就像是萬花筒裡的美麗圖像一樣。

既沒有生，也沒有死。只有延續而已。

隱士與井

我成長時期，住在越南北部的清化省。有一天，學校老師告訴我們，要去附近一座叫做「拿山」的山頂遠足。他告訴我們，在那山頂上住著一位隱士，是一位獨自居住的出家人，他日夜安靜地打坐，就像佛陀一樣地平靜安詳。我在那之前從未見過隱士，因而非常地興奮。

在遠足前一天，我們準備好一些野餐的食物。我們煮了飯，做成飯糰，並用香蕉葉包起來。我們準備了芝麻子、花生，以及鹽，要沾飯用的。我們也燒了些水一起帶著。第二天一大早，我們便出發，健行到那座山的山腳下。一到那裡，我和同伴們就盡我們最快的速度登山。那時候，我們還不知道如何修行禪。我們在上山的一路上，都走得很快。

當我們抵達山頂時，已經筋疲力竭了。我們在路上已經喝光了我們的水。我環顧四周尋找隱士，但是完全不見他的蹤影。我只看見他的小屋，用竹子和稻草桿搭的。在屋子裡面，我發現了一張小床，還有一個竹子做的佛壇，但是沒有隱士。也許他聽見我們上山來，所以躲藏在某處，以避開這許多噪音和小孩子。

吃午餐的時間到了，但是我並不餓。我因爲沒有看到隱士，而非常失望。我離開同伴並開始更往山上爬，希望能找到他。隨著我更深入森林，我聽見滴水的聲音。那是很美的聲音。我開始往聲音來源的方向爬，很快便發現了一口天然的井，四周由許多色彩斑斕的大石塊所圍出的一個小池塘。池水非常清澈，我可以直接看到水底。我非常口渴，便屈膝跪下來，用手掌掬了些水喝下去。那水非常美味可口。我曾經嚐過的任何東西，都比不上那水。我感到心滿意足，完全不再需要或想要任何東西了——甚至想要見到隱士的渴望也不見了。我有一種已經見過隱士的感覺。我想像，也許隱士把自己變成那口井了。

我累了，於是便在地上躺下來休息，好與那口井相處久一點。我往上看，看見一根樹枝高聳直入藍天。我閉上眼睛，很快便睡著了。我不知道自己睡了多久，當我醒來時，並不知道自己身在何處。然後我看見那伸向藍天的樹枝，以及那口美妙的井。我記起一切了。

到了該回去找我同班同學的時候了。我很不情願地向那口井道別，並開始回頭向山下走。當我走出森林時，從內心深處浮現了一句話。它就像是一行詩句一樣：「我已經品嘗過，這世上最美味的水。」

我坐下來和朋友們一起吃飯。他們很高興看見我，並問我到哪裡去了，但是我不想回答。我想要將我的經驗，珍藏保留給自己久一點，因為它深深地觸動了我。我坐在地上並安靜地開始吃午餐。米飯和芝麻子都很可口。

爬那座山是許多年以前的事了。但是那口井的影像，以及那安靜祥和的水滴聲，仍然鮮明生動地在我心裡。你或許也曾遇見過你的隱士；也許是一塊石頭，一棵樹，一顆星星，或是美麗的夕陽。

那是我的第一次心靈體驗。在那之後，我變得比較平靜及沉默。我不覺得有需要與別人分享曾經發生的事。我想要將它保存在心裡。我想要出家當和尚的意願更強了。在十六歲時，我得到父母的允許，進入位於順化附近的歸原寺當見習生，然後成爲沙彌。

老師的贈禮

當我十六歲成爲沙彌時，我收到了來自老師的贈禮。那是一本名爲《毗尼日用》（*Gathas for Everyday Use*）的書，裡面有五十首修行詩偈，是由中國一位偉大的禪宗祖師所編寫的。用詩偈來幫助我們覺知自己的日常行爲，是禪宗寺院千年以來的傳統。所以我收到的第一本學習課本，是一本詩集。多麼奇妙啊！身爲沙彌，我們必須將這些詩偈全部背起來，好用以修行。在我的傳承裡，詩偈與禪修大有關係，就像音樂與藝術一樣。這本書裡的偈子是傳統中文的四行詩，每一行只有五個字*，所以每

以下*為譯注：

*中文有些詩偈是四個字，例如：「正身端坐，當願衆生，坐菩提座，心無所著。」

一首詩偈共有二十個字。有一首偈子是用於坐下來的。你用這種方式坐下來，能讓你產生正念的力量。甚至還有一首，是用於脫下你的內衣或僧袍的。每一種日常活動，都能夠用詩偈以及正念來做。我非常喜歡那個修行練習。

也有一首詩偈，是在點燈時念誦的。在我那個時代，寺廟裡沒有電，也沒有自來水。所以我們使用煤油燈；而當你點燈時，你就在心裡默唸那首詩偈。還有另一首是點蠟燭用的。作爲年輕沙彌的我，是非常快樂的。我們有很多時間可以修行，我們也有很多時間在外面玩耍並樂在其中。

後來，我成爲受過具足戒的比丘，便認爲那些詩偈應該翻譯成現代越南語，才能更自然地應用於修行。所以我將它們全部翻譯成越南文。而現在它們有英文版、法文版、德文版，以及更多其他語言版本，可以讓我們每個人都樂於用以修行。

寺院文化的構成元素，也可以讓一般社會人士體驗到。當我一九九六年在肯德基的修道院裡，遇見「特拉比斯修道士」（Trappist monk）多瑪斯・牟敦（Thomas

Merto）時，我們興高采烈地討論著這件事。行禪練習、使用詩偈，以及練習正念呼吸，都很容易就能應用在日常生活中。多年以來，我一直都與在家朋友及同修們分享寺院文化。世界各地都有許多朋友，利用刷牙的詩偈來修行刷牙，或利用穿上外套的詩偈來修行穿上外套。

我那個時代已經有腳踏車了，但是僧侶不准騎腳踏車。在古代，僧侶們騎馬，但不騎腳踏車。我是越南最早，率先騎腳踏車的佛教和尚之一。在那時候，這並不被視爲僧侶們可以做的事。但有一天，我們六位年輕僧人決定要嘗試看看，所以我們租了六輛腳踏車並學會怎麼騎。然後我們便繼續使用腳踏車了。在那時候，人們對此事大驚小怪。而現在僧侶們可以開車了，那甚至還更快速。但是在那個時代，看見僧人騎腳踏車是很新奇的。由於我們是以喜悅及覺知在騎，所以我們是在修行腳踏車禪。我甚至寫了一首用來騎腳踏車的詩，後來我也寫了一首用來開車的詩。像這類的詩能夠幫助我們，深刻地活在每個當下，保持覺知並觸及生命的靈性層面。

師父的僧袍

我在歸原寺的出家剃度儀式，安排在清晨四點鐘。前一天晚上，唱誦練習結束時，我看見師父坐在他房內的一個圃團上，旁邊的桌子上高高地堆著一疊老舊的經典；他就著一旁閃爍搖曳的燭光，正仔細地縫補著一件棕色舊袍子的裂縫。他雖然年事已高，但仍然有清明的視力及直挺的坐姿。譚文師兄和我，站在門口觀望著。當他慢慢地將針線從布面拉出來時，我的師父看起來就像是位深入禪修中的菩薩。

過了一會兒，我們進入房間內，而師父也抬起頭來。看見是我們，他點點頭然後又低下頭去，繼續那縫了一半的針線。譚文師兄說：「尊敬的師父，請去休息吧，已經很晚了。」

師父沒有抬頭看。「讓我把這件僧袍縫補好，才能讓泉明天早上穿。」

這時我才明白，爲何師父一下午都在他成堆的舊僧袍裡翻找。他在找一件最不破舊的僧袍，讓我能夠體面地穿上。明天早上，我將第一次穿上棕色的僧袍。過去三年身爲見習生，我們只能夠穿灰色的袍子。一旦剃度成爲沙彌之後，我就能夠獲准穿上珍貴的僧袍，經典中將它稱爲解脫服，解脫而得自由的制服。

我聲音發顫地說道：「尊敬的師父，讓我們請杜阿姨縫補吧。」

「不，我要親手爲你縫補它。」他輕輕地回答。

一片沉默無聲。

我們雙手合掌表示順從，站在一旁不敢再說一句話。一會兒之後，師父目光不離針線地說：

「你們聽過經典中說的，關於佛陀時代有一位大弟子，就是在縫補僧袍時獲得開悟的故事嗎？

「我說給你們聽，」他繼續說下去。「這位弟子經常在縫補破舊僧袍時，感到喜悅及安詳，他不但縫補自己的僧袍，也縫補其他師兄弟的。每一次當他把針線穿透布料時，便生起一個良好的善願，那具有解脫的力量。有一天，當針線正穿透布料時，他洞見到最深刻美妙的教法，而在接連的六個縫補裡，他獲得了六種神通力。」

我轉過頭來，以深摯的情感及尊敬看著我的師父。師父或許沒有獲得六種神通力，但是他已經達到智慧及洞見的奧妙境界。

最後僧袍終於補好了。師父示意我靠近過去，他要我試穿看看。那件僧袍對我來說有些過大，但是那絲毫未減我的快樂感覺，我甚至喜極而泣。我獲得了最神聖的一種愛——那是一種溫柔且寬廣的純淨之愛，在我許多年的訓練和修行之中，滋養並灌溉了我的熱切之心。

我的師父將僧袍遞給我。我接下它，知道那是重大的鼓勵，伴隨著一種溫柔而慎重的愛。師父那時候的聲音，大概是我所聽過的，最溫柔最甜美的聲音了：

「我的孩子，我親自把它縫補好了，這樣你明天早上就可以穿了。」

這話說得十分簡單。但是當我聽見這些話時，被深深地觸動了。雖然還沒到剃度典禮的時候，而我也還沒有跪在佛前，誓願救度一切眾生，但是我出於赤誠地，在內心發下了深重的誓願，終其一生奉獻服務。譚文師兄滿心歡喜並敬重地看著我。在那一刻，我們的世界眞正是香花遍滿的世界。

從那天以後，我曾經擁有許多新的僧袍。每件新的棕色僧袍都會獲得注意，但之後又會被遺忘。而過去那件破舊的棕色僧袍，一直都是神聖不凡的。直到今天，即使那件僧袍已經太破舊而不能穿了，但是我仍然保留著它，在回顧反省的時候，能夠讓我重溫過去美好的回憶。

香蕉葉

我在越南還是個年輕和尚時，有一次在一株幼小的香蕉樹邊禪修時，有了一些體悟。那株香蕉樹有三片葉子。第一片葉子已經完全展開，承受著陽光雨露，享受它身為葉子的新生命。第二片葉子還在舒展中，還沒完全打開。而第三片葉子，最年輕的小妹妹，還沒有開展。

我注意到，當第一片葉子開展時，它也在幫助它的妹妹們成長。她伸展開來，並享受著陽光和雨露。每當風吹過時，她便歡唱。第一片與第二片葉子在第三片葉子裡，看見了自己。當時候到了，第一片葉子枯萎凋落時，她不會哭泣。她知道，自己會繼續活在第二片與第三片葉子裡。最後，她會回到土壤裡，並為整株香蕉樹及其他後來的葉子們貢獻養分。

我們的生命，也具有類似的意義。我們來此是爲了做一些事。我們懷有目的。深入地觀察第一片葉子時，我可以看見自己。透過享受我的生命，我正在滋養培育我的年輕弟妹們，並散發喜悅、希望、以及我最好的自己給他們。而他們接著繼續幫助我，滋養培育我們尚未出生的手足們。感謝無分別的智慧，梵文稱爲「平等心」（捨，upeksha），我們不會打鬥、爭吵、或彼此競爭。當我們不受困於「彼此各自獨立於其他人」的自我觀念時，我們之間就能夠保有和諧。當我教導一位朋友如何禪修時，我不會自稱爲「老師」，稱朋友爲「學生」；我們之間並沒有傳遞者，也沒有接受者。我們是一體且相同的。同在一起，我們幫助彼此成長。

櫻花盛開

在過去的越南，當你的櫻花樹即將開花時，你就會利用這個機會，安排一場宴會來慶祝這件事。你會估計櫻花大概是哪一天開得最盛，然後花時間爲朋友們寫一張張的邀請卡。你會準備周全，確保你的朋友們能夠與你共享一場美好的茶會，並且會有一道特別的點心，也許是燕麥芽餅乾，作爲茶點。

在越南，我們經常會在燕麥仍然幼小時，便採摘最好的燕麥，並將它浸泡在溫水裡發芽。一旦它發了芽，我們便煮熟它並將它凝結成一種醬。我們沒有放糖，但是它因爲發酵過，仍然會有些微甜。我們將它濃縮，一直到它變得很濃。然後我們會去河邊撿一些細鵝卵石，徹底地清洗乾淨，放在太陽下曬乾。我們會把燕麥芽醬蓋滿小石頭並曬乾，所以每一粒小圓石都在燕麥芽醬裡結塊。那是我們的祖先在喝茶時，常吃的東西。要做出那種「餅乾」，需要投入很多的愛及精力，你可以稱它爲餅乾，但它並不眞的是餅乾，因爲你如果用一般吃餅乾的方式咬它，會咬斷你的牙齒。

到了舉辦別緻宴會的那一天，你會將房子徹底打掃乾淨，並且除了盛開的櫻花樹之外，還有小石頭餅乾，以及茶。有時候天氣可能忽然變冷，以致櫻花在宴會時還來不及盛開。遇到那種情況，人們就會帶一面鼓來，放在櫻花樹底下，並擊鼓來激勵櫻花開放。

那是過去的方式。聽起來或許孩子氣，但是它非常詩意也非常美麗。

當客人們都抵達時，我們會在花園迎接他們。那種氣氛十分歡樂：你的朋友們都來到你家，那眞是件大事。所有的小孩子及孫兒輩，都出來慶祝並體驗這種神聖的慶祝會，以及那種放鬆、自由，及友善的氛圍。人們並不需要教導他們的小孩及孫輩該如何停下並慶祝，小孩子們自己就會參加並且體驗到。

你們或許沒有與朋友們一起歡慶花開的這種慶賀儀式，你們大概也沒有燕麥芽醬小石餅。但是，花時間創造出一個特殊時刻，大家一起喝茶或吃飯，享受喜悅、美好，及簡單，能夠啓發你的小孩進入一種心靈生活。

關門

小孩子們有時候問我：「你爲什麼禪修呢？」我禪修是因爲我喜歡。但是我不僅只是喜歡打坐禪修，我也喜歡在走路時，或甚至站立時禪修。假設你需要排隊，按照順序等候買東西或點餐，那時你就可以利用機會來練習正念呼吸，覺知你的入息及出息，享受你自己以及周遭人們的存在。

禪修可以是很不正式的。當你開車時，如果你具足正念開車，享受你的入息及出息，我們可以說你是在練習禪修。當你洗碗時，如果你享受著吸入氣息呼出氣息，並且帶著微笑，那麼洗碗會變得很愉快。我很享受洗碗。洗碗不僅只是爲了有乾淨的碗，而且單純是爲了享受洗碗的時光。帶著正念的能量，你日常生活的每一個行動，都能夠變得愉快。

我每天都練習這個功課。當我還是沙彌時，有一天我的師父要我爲他做一些事。我很興奮可以爲他做事，因爲我很愛我的師父。所以我便衝出去做。但是由於我過度興奮了，我不夠有正念，在衝出去時便用力地甩上門。我的師父把我叫回來並說：

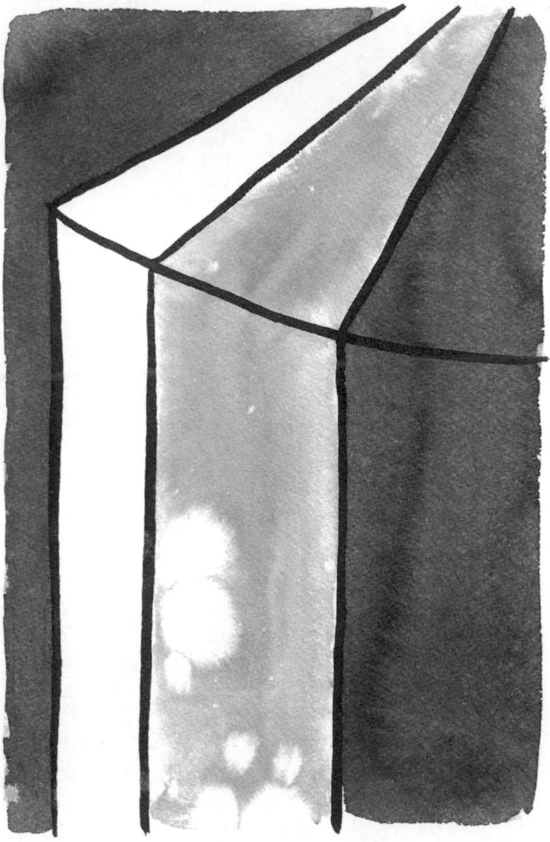

「我的孩子，請再出去一次並關上門。但是這一次，要比你上一次做得更好。」聽見他說的話，我知道我的修行有缺失了。所以我向師父鞠躬，並且正念於我自己以及踏出的每一步，走向門。我走出門，並且很有正念地關上我身後的門。我的師父不需要告訴我第二次。我現在每次開門關門，都保持著正念，並憶念我的老師。

許多年之後，我與特拉比斯修道士多瑪斯．牟敦一起在肯德基時，我告訴他這個故事。他說：「喔，你沒告訴我之前我就注意到了，我看見你關門的方式了。」我離開他在肯德基修道院的一個月後，他對學生們開示時，說了我這個關門的故事。

在更多年之後的某一天，有一位德國的天主教女士，來到法國梅村修行中心參加禪修營。在最後一天時，她告訴我們，她會來完全是出於好奇心。她聽過多瑪斯．牟敦的開示錄音，想要來看看我是如何關門的。

里亞草（Ria Greens）

山民住在越南中央高地的山林裡，是我們精舍附近的原住民。他們販賣許多收穫自森林裡的東西給都市人，像是竹子、藤杖、蘭花，以及野味，但是他們從不曾販售里亞草。他們說這些草葉可以避免腳抽筋。我認爲它們也含有緩解關節痛的成分在內，而戴和叔叔以前也常說，它們用於治療失眠非常有效。偶爾我們會採一些珍貴的里亞草，並要求譚慧阿姨爲我們煮湯，但是我們的山民朋友們，並不用它來煮湯。他們反而會搗碎葉片，加上一些鹽，然後蒸熟。那是他們最愛的一道菜。有一天下午，鳳女士（她是位植物學教授）從西貢來。她採集了一些她以爲是里亞草的綠葉，並煮了湯。在喝過那道「里亞」湯之後，我們都覺得興致高昂。我們興高采烈地嘲笑我們愛好自然的朋友——身爲植物學者卻認不出正確的植物！

洗碗

當我還在歸原寺當沙彌時，洗碗很難說是一個愉快的差事。在每年一度的雨安居期間，所有的僧侶都回到寺廟來共修三個月。有時候只有我們兩位沙彌，必須爲超過一百位比丘做飯，還要洗所有的碗，而且沒有肥皂。我們只有灰、米糠，以及椰子殼，就只有這些東西了。要清洗這麼一大堆碗，實在是高難度的工作，尤其在冬天時，水是冰冷的。於是我們必須先將一大鍋水燒熱，才能開始洗刷。現在有洗碗精、特別的洗碗菜瓜布，甚至還有熱的自來水，要樂於洗碗實在容易多了。

對我的心來說，討厭洗碗的想法，只會出現於你沒在洗碗的時候。一旦你站在水槽前，挽起袖子，手泡在溫水裡時，那眞是十分愉快了。我喜歡慢慢地洗每一個碗，充分地覺知碗、水，以及我雙手的每一個動作。我知道，如果我加快速度好趕快完工，以便能早些坐下，吃甜點或喝杯茶，那麼洗碗的時間就會不愉快，而且過得不值得。那會很可惜，因爲生命中的每一分、每一秒都是奇蹟。這些碗本身，以及我正在此清洗它們這個事實，都是奇蹟！

如果我無法心懷喜悅地洗碗，如果我想盡快完工以便去吃點心或喝茶，我將同樣無法在我終於吃到點心或喝茶時，好好地享受它們。我將會手上拿著叉子，心裡卻想著接下來要做什麼，而點心的口感與滋味，以及品嘗點心的喜悅，都會喪失了。我會一直不斷地被拖向未來，同時錯失了生命，並且永遠無法活在當下。

每一個念頭，每一個行爲，在覺知的明亮陽光中都變得神聖起來。在這種光明裡，神聖與庸俗之間沒有界線。我必須承認，這樣會花比較多時間洗碗，但是我充分地活出每一刻，而且我是快樂的。洗碗既是方法，同時也是目的。我們洗碗不僅是爲了有乾淨的碗，也是單純爲洗碗而洗碗，在洗碗時充分地活出每一刻，並且眞正地觸及生命。

榴槤

在東南亞，許多人非常喜歡一種叫做「榴槤」的水果，它體積碩大又外殼多刺，而且味道非常嗆鼻。有些人甚至可以說是對它上癮了。那些人吃完榴槤之後，還要把它的殼放在床底下，好繼續享受它的味道。而對我來說，榴槤的味道令人難以招架。

有一天，我獨自在越南的寺廟裡練習唱誦，那天恰好有一顆榴槤在供桌上供佛。我試著背誦《法華經》，用一面木製的鼓以及一個大的碗狀鐘配合我的梵唄，但是由於那個味道，我完全無法專心。我最後決定，把那個鐘倒過來蓋住榴槤，把它關起來，好讓我得以繼續誦經。結束之後，我向佛陀頂禮，並釋放了榴槤。

如果你對我說：「我很愛你，想要讓你吃一些榴槤。」那麼我會受到很大的折磨。你可以說你愛我，你希望我能快樂，然而你竟要我吃榴槤。那是一個「愛卻不理解」的例子。你的動機是好的，但是你缺乏正確的理解。

當你愛一個人時，你希望那個人快樂。如果他們不快樂，你也沒有辦法快樂。快樂並非個人的事。真愛需要深刻的理解。事實上，愛就是理解的別名。如果你不理解，你就無法適當地愛。若缺乏理解，你的愛只會讓另一個人受苦。

漲潮之聲

當我還是西貢佛教學院的年輕僧人時，我算是改革派的僧侶。我想要讓佛教能夠幫助越南人民解脫並團結在一起，但是教法並未給予任何特定方式，好讓我們修行而實現此事。我們一群人覺得，除非我們革新佛教教法與實修，否則它們無法提供合適而具體的修行，讓我們團結在一起，並幫助終結社會的不公義及戰爭。

我們踏出的第一步是，出版一份通訊雜誌以傳達我們的想法。在那時候，我們並沒有影印機，甚至連複印機也沒有。每一位學生僧人都會寫一篇文章，然後我們將這些文章訂在一起成爲一份雜誌。我們頗具野心，並將雜誌命名爲《漲潮之聲》（Voice of the Rising Tide）。《漲潮之聲》是超越一切世俗之聲的聲音。這份雜誌是透過手傳分發的，而佛教學院的每一個人都閱讀它。我們有幾位老師喜歡它，因爲它所傳達的想法是新穎、清新、具啓發性的，但是其他老師則認爲我們是危險分子，並禁止了雜誌。

我們學院裡的許多老師都談到和平、悲憫、無我，以及有情眾生的快樂，但是他們鮮少有人做任何事。他們說要幫助社會，然而他們並不採取具體行動來幫助貧窮及受迫害的人。那個時候，越南有許多年輕人都受到啓發，而加入了政治及革命團體，像是共產黨及越南國民黨。政治運動風起雲湧，有的要推動打敗法國人並驅趕他們離開越南，還有許多則是致力於爭取社會正義。當你年輕氣盛時，會想要爲你的國家做些什麼。有許多年輕僧侶被馬克思社會主義所吸引，想要離開寺廟去參加這些運動。他們覺得佛教修行過時落伍了，不符合人民眞實的需求。

對於不公不義，採取抗爭行動是不夠的。我們相信行動必須具有正念。如果沒有覺知，行動只會造成更多傷害。我們這群人相信，一定可以結合禪修以及行動，而創造出正念行動。

佛教學院非常保守並且抗拒改變，因此我們四人決定離開。我們留下了一封信，要求重新改革教導及修行佛教的方式。我們的離去就像是正念的鐘聲，發出宣告，如果他們不予重視，學院裡還有許多人可能會離開。我們想要建立一個新社群，讓我們可以依照我們認為該有的方式，來研讀、教導、並修行佛教。

學院的反應非常強烈。我們只是四位年輕僧人，而學院非常強大有力。他們知道我們想開創，而他們也知道，由於我們是僧人，我們必須尋求依止於其他寺院。因此在我們離開三天後，學院寄了一封信給所有的寺院，要求他們不得收容我們。

那是一段很艱困的時期。我們完全沒有錢，但是我們有位師姐住在南部，所以我們去住在她家。後來有更多朋友來支援，我們得以在郊區找到地，並蓋了間小寺院，在那裡開始我們的修行。我們精力充沛、意志高昂並且滿懷善意。我們不追求金錢、權力，或名聲；我們追尋的佛教是，那種能夠幫助我們改變社會，並回應時代挑戰的佛教。

我們搬到新家的五年之後，我回去西貢的學院。那時候我們已經建立了一個修行團體。我也出版了幾本書和雜誌，是關於在生態、教育、政治及人權運動領域的佛教應用及革新。那時候學院已經領悟到，如果它不想流失更多人才，就需要改變。它開始提供哲學、比較宗教，以及科學的課程了。

好幾年之後，在一九六四年，西貢佛教行政管理部門要求我擔任《漲潮之聲》的主編，那是一份新版的週刊，而我答應了。這一次，在我們最初的手訂版十年之後，《漲潮之聲》終於適當地印刷、裝訂，並且廣爲流傳。我們的編輯小組開始報導佛教團體協助促進和平及團結國家的工作。佛教徒發出聲音了，帶領大型的街頭示威與絕食，並且撰寫文章及信件。我們也含括了一整版的詩篇，發表當時一些最優美及激進的詩作。這份雜誌很快就變成越南最受歡迎的佛教週刊，每週都有五萬份的發行量，而且必須要用飛機運送到順化及峴港給讀者。

當我們都在西貢編印雜誌時，我是住在竹林寺內一個小茅棚裡，距市中心大約一小時的摩托車程。住在寺院的師兄們，將寺院變成了一個美妙且快樂的地方，讓我們全都受到庇護。每週我們都聚在一起練習打坐、行禪，並且一同觀想更光明的未來。我們能夠實現我們的夢想：根植於修行的行動，能夠回應人們需求的修行。這個經驗對我們展現出，入世修行不僅有可能，也是必要的，如果我們想要做出眞實而且和平的改變。

戰爭與流亡

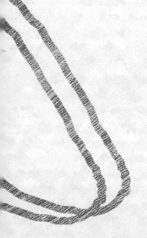

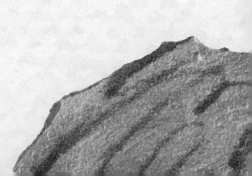

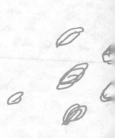

最後一袋米

在一九四六年法越戰爭期間，我是越南中部河內市歸原寺的一個沙彌。那個時候，河內市是法軍占領區。有一天，兩位法國軍人來到我們的寺廟。一位留在寺門外的吉普車上，而另一位則進到寺裡，拿著槍要我們交出所有的米。我們只有一袋米，是給全寺所有的僧侶吃的，而他想要把它拿走。那位軍人很年輕，不到二十歲，而且很餓。他看起來又瘦又蒼白，像患著瘧疾似的，而我那時候也正患有瘧疾。

我必須服從他的命令，把那袋沉重的米扛出來，放到吉普車上。那段路很長，而當我在米袋的重壓下步履蹣跚時，心中生起了憤怒及不快。他們搶走我們僅有的一點點米，沒有留下任何食物給整個僧團。我走回寺廟時，沿路都在哭泣。後來我才知道，有一位長老法師，暗中已把一大缸米埋在寺廟地下，埋得很深。

這些年來有很多次，我都針對這位法國軍人禪修。我看見才十多歲的他，卻必須離開他的父母、兄弟姊妹，以及朋友們，穿過大半個地球來到越南，面對著殺死我的同胞或他自己被殺的恐怖。我經常好奇著，不知道這位軍人是否在戰爭中倖存，並且能夠回到他父母的家。又或是他沒有生還。這場法越戰爭持續了很多年，後來一九五四年法國於奠邊府戰敗，並簽訂日內瓦公約後才終止。在深入觀察後，我領悟到，越南人並非這場戰爭唯一的受害者，法國軍人也是受害者。具有這種洞見之後，我對這位年輕戰士不再有任何憤怒了；取而代之的是對他的悲憫心，我只希望他安好。

我們互相不知道對方的名字，但是當我們初次相遇時，就已經是敵人了。他來到這並準備為了食物而殺死我，而我必須為了保護自己及僧團同伴們而妥協屈服。但是我們雙方，並非天生的敵人。若換成在另一種情境下，我們很可能變成好朋友，甚至也許親愛如兄弟。是戰爭隔離了我們，並造成彼此之間的暴力相對。

這是戰爭的本質：它將我們變成敵人。從未相識的人們，出於恐懼而殺害彼此。戰爭製造了這麼多苦——兒童變成孤兒，城市及村莊整個都被摧毀。所有受苦於這種敵對衝突的人，都是受害者。我來自這種巨大災難及痛苦的出身背景，也親身經歷過法越戰爭及越戰，我有深切的熱望，想要避免戰爭再度發生。

我祈禱，國家不再將她們的年輕人送上戰場彼此戰鬥，即使以和平之名也不行。我不接受「爲和平而戰」或「正義之戰」的概念，同樣地也不接受「正義之奴」、「正義之恨」或「正義種族主義」的概念。在越戰期間，我與朋友們宣示中立，無論是北方或南方，法國、美國，或越南，我們都不選邊站，我們也沒有敵人。

一位法國軍人

一九四七年時，我居住並就讀於河內報國寺的佛教學院。那裡距離我剃度出家的祖庭，也是我平時居住的寺廟並不遠。那是第一次法越戰爭期間。那個時候，法軍佔領了整個地區，並在河內設立了一個軍事基地。我們經常聽見周邊法軍與越南軍隊之間的炮火聲。住在山上高處的人們，爲了護衛而建立了一些小碉堡。有時，晚上會有村民們把自己關在家裡，鼓起勇氣面對猛烈砲火。當他們早上醒來時，就會發現前一晚戰爭的屍體，以及路上用白漆混著鮮血所寫的標語。僧侶們偶爾會通行在這地區的偏僻道路上，但幾乎沒有任何人敢穿越這個地區，尤其是住在河內的市民，他們被疏散後，最近才剛回來。即使順化寺就在火車站附近，也幾乎沒有任何人敢去那裡，這就說明了它的狀況。

有一天早上，我從報國寺出發回祖庭，那是我每個月例行要做的事。時間很早，露珠都還在草尖上。我在布袋子中，帶著我的袈裟以及一些經典，手上則拿著傳統的越南錐頂草帽。想到可以見到我的師父、師兄弟們，以及古老而備受崇敬的寺廟，我覺得既輕鬆又愉快。

我剛剛爬過一個山丘，就聽見一個呼喊的聲音。在山丘上，路的上方，我看見一位法國士兵正揮舞著手。我以爲他是因爲我僧侶的身分而捉弄我，便轉身繼續走我的路。但忽然間我感覺到，這並非什麼有趣好笑的事。我聽見身後軍靴奔跑追趕的聲音。也許他想要搜查我，或許我背的布袋子看來可疑。我停下腳步並等候著他。一個長著瘦削英俊臉孔的士兵出現了。

「你要去哪裡？」他用越南話問。從他的發音可以聽出來，他是法國人，而他對越南語所知有限。

我微笑並用法語問他：「如果我用越南語回答，你可以聽懂嗎？」

當他聽見我能說法語時，臉龐亮了起來。他說他無意搜查我，只想問我一些事。

「我想知道你來自哪一座寺廟。」他說。

當我說我住在報國寺時，他似乎頗感興趣。

「報國寺」，他再說了一遍。「是火車站附近，在山上的那座大寺廟嗎？」

當我點頭時，他指向山側一座水電機房，那顯然是他的崗哨。他說：「如果你不怎麼忙，請和我一起上那裡去，我們可以聊一會兒。」我們在水電機房附近坐下，他告訴我十天前他與另外五位士兵一起去過報國寺。他們在晚上十點抵達，搜捕越南反抗者「越盟」（Viet Minh），據報他們在那裡集會。

「我們下定決心要找到他們。我們帶著槍，接到的命令是要逮捕，必要的話甚至殺了他們。但是當我們進到寺廟時，我們嚇到了。」

「因爲有很多『越盟』？」

「不是，不是！」他宣稱：「如果我們看到『越盟』，就不會被嚇到了。無論他們有多少人，我們都會發動攻擊。」

我有些困惑。「那是什麼嚇到你們？」

「當時發生的事，非常出乎意料之外。過去，每當我們在搜查時，人們總是會逃跑或是陷入驚慌狀態。」

「人們已經遭到恐怖攻擊太多次了，所以他們因爲恐懼而逃跑。」我這麼解釋著。

「我本身沒有恐嚇或威脅人們的習慣。」他這麼回答。「也許他們是因爲被之前來的人傷害過，所以才這麼害怕。

「但是當我們進入報國寺內時，就像是進入了一個完全廢棄、空無一人的地方一樣。油燈挑點得非常小。我們刻意地大聲踩踏地面，我覺得寺廟裡有很多人，但是我們完全聽不見任何人的聲音。那是不可思議的安靜。有位士官大聲吼叫，那讓我尷尬不自在。沒有人回答。我把手電筒打開，照向屋內，我們原以爲是空無一人的——結果我看見五、六十位僧人安靜不動地在那裡打坐。」

「那是因爲你們來的時間，是我們晚間打坐的時段。」我一邊點著頭，一邊回答。

「是的。我們好像跑進了一個奇怪而無形的力量裡面。」他說。「我們十足被震攝住了，所以轉身回到外面的空地上。那些僧人毫不理睬我們。他們沒有揚聲回答，而且完全沒有露出一點慌張或恐懼的跡象。」

「他們不是不理睬你們。他們只是在練習專注觀呼吸，如此而已。」

他承認：「我覺得被他們的平靜吸引了。那眞的贏得我的尊敬。我們安靜地站在廣場上一棵大樹下，等了大約有半小時。然後響起了一連串的鐘聲，寺廟回復了正常的活動。有一位僧人點亮火炬，並過來邀請我們入內，但是我們只是告訴他，我們來的原因，然後便離開了。從那一天起，我對越南人的想法開始改變了。」

他繼續說道：「我們之中有很多年輕人，我們很想家，想念我們的家人及國家。

我們被送到這裡來打越盟，但是我們不知道是我們殺他們或是我們被殺，然後永遠再也無法回家，再也見不到家人。看到這裡的人們努力重建他們崩壞的人生，讓我想到我法國的親人們，在第二次世界大戰後的破碎人生。而那些僧侶們安詳寧靜的生活，讓我思考地球上所有人類的生活。而我不懂我們爲什麼來到這個地方。爲什麼越盟與我們之間的仇恨如此強大，讓我們大老遠地來這裡與他們打仗？」

我深受感動，便握住他的手。我告訴他我老朋友的故事，他受命攻打法國人，並且打贏了好幾場戰鬥。有一天他來到我所在的寺廟，擁抱我時忍不住落淚。他告訴我，在森林裡的一場攻擊中，當他躲藏在一堆石頭後面時，看見兩個年輕法國士兵坐在一起談話。他說：「當我看見那些男孩們明亮、英俊、無辜的臉龐時，親愛的兄弟啊，我下不了手開火射擊。人們可以給我貼上軟弱的標籤，他們可以說，如果所有的越南軍人都像我一樣，我們的國家不久就會被占領了。但在那一刻，我愛那些敵人就像我母親愛我一樣！我知道這兩個年輕人的死訊，會讓他們身在法國的母親痛心疾首，就像我母親爲我死去的弟弟哀傷不已一樣。」

「所以你看，」我對這法國士兵說：「那位年輕越南軍人的心，充滿了人性之愛。」

這位法國士兵安靜無語地坐著，陷入了沉思。或許，如同我一樣，他對於殺戮的殘酷、戰爭的災難，以及這麼多年輕人，以這麼不公平並令人心碎的方式死亡的痛苦，變得比較有所覺知了。

太陽已經升高到空中了，我也應該離開了。這位士兵告訴我他二十一歲，名字是丹尼爾．馬諦（Daniel Marty）。他來越南之前，才剛從高中畢業。他給我看了他母親以及弟弟、妹妹的照片。我們懷著彼此了解以及友誼之情互相道別，他還答應我，要在週日時來寺廟看我。

在接下來的幾個月裡，他的確一有機會就來看我，我帶他到我們的禪堂一起打坐。我給他一個法名「清隆」（Thanh Luong），意思是「純淨而清新安詳的人生」。

我教他越南語，他原本只知道軍隊教他的那幾句話，但幾個月之後，我們已經可以用我的母語簡短交談了。他告訴我，他已經不需像以前一樣出戰了，我與他同感如釋重負。他如果收到家信，就會分享給我看。他每次看見我時，都會合掌致意。

有一天，我們邀請清隆來寺廟用素食餐。他快樂地接受了邀請，並且非常讚賞美味的黑橄欖以及可口的菜餚。他覺得我師兄做的香菇米漿非常好吃，難以置信那是素食。我必須詳細解釋那是怎麼做的，才能讓他相信。

在某些日子裡，我們坐在寺廟的佛塔旁，長談著心靈成長與文學。當我稱讚法國文學時，清隆的眼睛會發亮，閃耀著以祖國文化爲傲的光彩。我們的友情日漸加深。

然後有一天，清隆來時宣布消息，他的單位要調到另一地區了，而且他有可能很快就可以回去法國了。我陪他走到寺廟門口，在三道拱門下相擁道別。他說：「我會寫信給你，兄弟。」

「我會很高興收到你的來信，並且回信。」

一個月後，我收到他的來信以及他確定要回法國的消息，但是接著就要去阿爾及利亞。他答應我會從那裡來信。但是此後我就再也沒收到過他的訊息。誰知道清隆現在在哪裡呢？他安全嗎？但是我知道，最後一次見到他時，他是安詳的。寺廟裡奧祕寧靜的那一刻，已經改變了他。他讓一切眾生的生命充滿他內心，他也看到戰爭的毫無意義及毀滅性。而讓這成爲可能的，就是完整而全面停止的那一刻，並且向著所謂「寧靜」的海洋敞開，那是強而有力、具療癒性，且奇妙的。

新鮮香草

在越戰期間，有許多憂愁煩惱的事。每天都有砲彈轟炸，人群死亡。我的心完全專注在如何能夠有助於停止戰爭、殺戮，以及苦難。我想我不會有時間去接觸生活裡既清新又療癒人心的美妙事物。由於這個信念，我並未獲得我非常需要的滋潤及養分。

有一天，一位年輕女士來幫忙我們做事。她準備了一籃子芳香的越南香草，各種新鮮的嫩綠香草，是我們在越南每餐都會吃的。它們的美麗及芳香，讓我驚喜讚嘆不已。我深深地吸了口氣，光是品味這一盤新鮮香草，就足以恢復我的平衡穩定。

我曾經以爲，我不會有空去注意芳香花草這類事，但是在那一刻我領悟到，我不能讓自己這麼沉浸於工作之中。我也需要花時間去生活，去接觸那些在我內在及周遭，新鮮而療癒的元素。

身爲活躍行動人士，我們熱切渴望，在「致力幫助世界」這件事上獲得成功。但是如果在工作與所需的滋養之間沒能保持平衡，我們就不會成功。正念行禪及正念呼吸的練習，讓我們的身心得到休息，並接觸到我們內在及周遭新鮮而療癒人心的元素，這對我們的存活至關緊要。

不放棄

在一九六四年，也就是我們創立新版的「漲潮之音」的同一年，我們也創建了「社會服務青年學校」（School of Youth for Social Service，SYSS）。「社會服務青年學校」訓練了數以千計的年輕人，到遭受戰火破壞的偏遠村莊進行人道救援。有一天我們聽到新聞報導，位於廣治省的茶祿被轟炸了，那是我們曾經幫忙重建的村莊。它非常靠近分隔南越與北越的非軍事區。我本人以及社會服務青年學校的社工夥伴們，曾經花了超過一年的時間，將村子建設爲一個能夠享受生活的美麗地方。而在一天之內，美軍戰機飛來就炸掉了村子。他們接到情報說，共產黨游擊隊已經潛入滲透進來了。

村民失去了他們的家園，而我們的社工們也被迫另找庇護所。他們捎來訊息詢問，是否應該重建村莊。我們回覆：「是的。你們必須重建村莊。」我們又花了六個月重建，然後村子又再度被轟炸摧毀了。再一次，他們失去了家園。我們在全國各地建設了許多村莊，但是在非軍事區附近要重建是非常困難的。所以我們的社工們詢問，是否應該要第三次重建？我們在深思熟慮之後說：「是的，我們必須重建它。」所以我們第三次重建了它。你知道後來發生什麼事了嗎？它第三次被美軍轟炸摧毀了。我們幾乎瀕臨絕望。

絕望對於人類來說，是最糟糕的事。我們已經重建村莊三次，而它也被轟炸夷平了三次。那個問題又被提出來了：「我們應該重建嗎？我們應該放棄嗎？」我們在總部裡有許多討論，而且我們被放棄的想法誘惑著——三次真的太多了。但是到最後，我們總算能擁有足夠的智慧而說出不放棄。我們看到了，我們是禁不起放棄的。如果我們放棄了茶祿村，我們就是放棄了希望。而如果我們放棄了希望，就會被絕望淹沒。所以，我們第四次重建了村子。

我們迫切地想要結束戰爭，但是沒有辦法，因爲情況不在我們掌控之中，而是掌控在大的勢力中。結束戰爭看起來似乎毫無希望，因爲這場戰爭已經拖得太久了。我必須大量地練習正念呼吸，以及回到自身。我必須老實承認，在這種時候，我並沒有太大希望，但是如果我沒有了希望，對這些年輕人來說，將會是天崩地裂。我必須深入地修行，滋養我內在微小的希望，好讓自己成爲他們的庇護。在這種艱困狀況下，我們必須回到家中並修復自己，重新建立起我們的堅定、自由、安詳，以及冷靜，好能繼續走下去。這就是爲什麼，在人生中要有心靈層面是如此重要的原因。

我記得大約在那個時候，有一群年輕人來見我，他們與我坐在一起並詢問道：「親愛的 Thay（導師），您對於戰爭即將結束，抱有任何希望嗎？」在那時候，我其實看不到戰爭結束的任何跡象。但是我並不希望他們或我自己，沉沒在絕望的大海裡。我沉默了一陣子。最後我說：「親愛的朋友們，佛陀說一切都是無常的。戰爭總有一天會結束的。」問題是，我們能做什麼來加速無常呢？有些事是我們能夠做的。

每一天都回到自己並且深入觀察，看看我們能夠做什麼來改善情況，這是很重要的。

採取行動能幫助我們不被絕望淹沒。

看見的效用

在越戰期間，許許多多的村莊都被砲火轟炸。我及師兄師姐們，必須決定該怎麼辦；我們是應該繼續在寺廟裡修行呢？或是應該離開大殿禪堂，好去為遭受砲火之苦的人們，提供精神上及實際上的援助呢？經過仔細考慮之後，我們決定兩者都做——出去幫助民眾，與此同時也保持正念。我們稱它為「入世佛教」。正念必須要投入世間。一旦我們看見有什麼需要做的，我們就必須採取行動。看見與行動（Seeing and acting）是比肩同行的。否則，看見又有什麼用呢？

我們必須覺知世界上的問題。然後，具足正念、專注、以及洞見，我們就會知道要做什麼以及不要做什麼，這才能夠幫上忙。如果我們對呼吸保持覺知，並且繼續修持平等心，那麼即使在艱困情況下，許多人、動物、植物都會因我們做事的方式而受益。你們正在栽種喜悅及安詳的種子嗎？我的每一步，都在嘗試做這件事。步步安樂行，安詳就在每一步中。讓我們繼續我們的旅程吧？

飛機場

一九六四年的某一天，我正坐在位於越南中央高地的一個空曠飛機場中。那時是戰爭期間，我正在等候一班飛往北方峴港的班機，要去探視水災的情況，並協助救援水災災民。當時情況非常緊急，所以我只好搭乘最早的第一班飛機，那是一架運輸毯子與衣服的軍機。然而，這班飛機只飛到中央高地的波來古。所以我便獨自坐在柏油路上，等候下一班飛機。

過了一會兒，有一位美國軍人走了過來，他也在等候飛機。機場裡面只有我們兩個人。我看見他是位年輕的美國軍官，對他生起很大的悲憫心。爲什麼他必須來到越南殺人或被殺呢？出於悲心，我便問道：「你必定很害怕越共吧？」越共就是越南共產黨游擊隊。他立即將手放到他的槍上，並問我：「你是越共嗎？」

我領悟到我的言語並不善巧，我灌溉了他內在的恐懼種子。在來到越南之前，美國軍官都被教導，越南的每一個人都有可能是越共，而恐懼佔據了每一位美國軍人的心。每一個小孩，每一位母親，每一位僧侶，都可能是游擊隊員。軍人們接受了這樣的教導，到處都看到潛在的敵人。我嘗試表達我的同情，但是當他聽見「越共」這個字時，他被恐懼征服而按住了他的槍。

我知道我必須要非常冷靜。我很深入地練習觀呼吸，很平靜地說：「不，我正在等飛機去峴港，好探視那裡的水災情況。」藉著不動的坐姿以及說話的平靜音調，我希望能傳達，我對他感到非常同情，以及戰爭造成了許多受害者的事實，不僅只有越南人受害，還有美國人也是。幸運地，我足夠平和寧靜，他也恢復了平靜並放開了他的槍。藉由我的關注及正念說話，我們雙方得以繼續我們的旅程，並稍微增加了彼此之間的了解。

危險通常來自於內在。有些意外無法避免，但是如果你足夠穩定及清明，那麼有些時候，你是可以去除引爆的導火線，並平息一場潛在的危險或致命的困境。

熱

一九六五年我在西貢，正致力於戰爭救濟工作，居住在萬行大學狹小窄迫的宿舍裡。這些房間都超量地堆滿了東西。紙糊的天花板絲毫阻擋不了燒灼的炎熱，中午時分，我們都得出去外面檳榔樹下暫避暑熱。這麼極端的炙熱，也打消了我們的食慾。在這種日子裡，如果能夠逃離城市，回到鄉下的村子裡，將會如同在清涼河水中游泳一樣地令人歡喜。微風吹拂的感覺，以及稻田阡陌與棕櫚樹的景色，都十分清新怡人。

在西貢，有一位鄰居杜先生，嘗試說服我在工作的房間裡裝一台冷氣。他盡了全力讓我相信安裝冷氣的好處——是會花錢，但是能讓我們的工作成果加倍。

這話是眞的。在那麼熱的時候，的確不可能寫作。然而，我還是決定不買。錢不是問題，實際上校長已經核准了這個想法，甚至會幫忙找一台不貴的。但是我們會變成貧窮鄰居中唯一有冷氣的，而那會改變人們看待我們的方式。擁有一台舊車是一回事，但擁有一台冷氣，可完全是另一回事。

所以我尋找別的解決辦法。貝先生獨自居住在寺廟隔壁的一幢兩層樓房裡。他每天早上騎著摩托車去上班，直到傍晚才會回來。我詢問他，可否在炎熱的白天使用他樓下的房間，而他同意了。當我想要寫作，或是不受訪客打擾地工作時，我就去隔壁就好了。

在越南，朋友們只要想來就隨時會來。沒有先打電話或事先預約這種事。如果有任何人突然來訪，我藉著不在家之故，而避免了無禮。不過，我還是每天有幾小時在大學辦公室裡工作，而由於強力逼人的熱，那是我最不喜歡的事。

另一個關於熱的解決辦法，就是隔壁小販所賣的冰涼甜湯。她會作綠豆和檳榔花湯，就和越南中部的一樣。兩種我都喜歡。越南話裡，甜湯叫做「che*」。要對從沒嚐過的人描述「che」是很難的，但是它非常可口。小販賣的是冰涼的甜湯。大熱天裡，這兩小碗就和一大杯涼椰子水一樣地清新提神。

*音●ㄍㄧㄚ。

實地上的航行

許多年以前，我在一個紙燈罩上面寫了四個中文字。這四個字可以翻譯為「欲安即安」。幾年之後，一九七六年在新加坡時，我有了實踐這四個字的機會。

我去新加坡是為了參加「宗教與和平」研討會，並因而得知政府所謂「船民」的處境；「船民」是為了逃離國內迫害與暴力的越南難民。在那時候，世界上還不知道「船民」，而泰國、馬來西亞，及新加坡政府，並不允許他們上岸。新加坡還有一個特別嚴苛的政策，每當有船上難民企圖上岸時，就把他們推回海中溺死。

我們好些人開始籌備及計畫幫助這些難民。我們把這個計畫命名為「血濺之時，大家都受苦」。我們雇了兩艘大船（「迅猛號」及「勇強號」）來搭救海中的難民，還有另兩艘小船（「西貢200」及「黑記」）來回於大船及海岸之間，以運輸食物及補給品。我們計畫將兩艘大船載滿難民，然後開往澳洲及關島，並在抵達時通知媒體，好讓世界各國關注他們的困境，並且讓他們不被遣返。光是談論悲憫是不夠的，我們必須力行悲憫的工作。我們必須祕密地進行我們的工作，因爲當時國際上大多數的政府並不想知道「船民」的處境，而且我們也知道，如果被發現就會被驅離新加坡。

我們總算從泰國灣（暹羅灣）救了將近八百位船民。在新年前夕亦即除夕夜，我搭「西貢200」小船出海，到大船上與難民談話。我用一個擴音器祝福他們新年快樂。在與他們道別後，我掉頭回岸，在黑暗中，忽然湧起一陣巨浪並打溼了我。我有感覺，強大的黑暗力量正藉此警告我：「這些人的命運注定要死。你爲什麼要介入呢？」

在新加坡，如果我們想要救助船民，就無可避免必須犯法。我們到漁民家並告訴他們：「任何時候只要你救起船民，請打電話給我們。我們會來帶走他們，以免政府因而處罰你。」我們留下電話號碼，而每隔一段時間就會有漁民打電話來，我們就搭計程車去接難民。然後我們會在晚上將他（或她）帶到法國大使館去，大使館在晚上是關閉的，我們會協助船民翻牆進入大使館領域內，並告訴他們在那裡等待天亮。

當時駐新加坡的法國大使非常慈悲。當他在早晨發現船民時，就會打電話給新加坡警方來逮捕他們。他知道，如果船民是透過他被關押的，就會獲得「非法居留」的身分而安全地待在監獄裡。關在監獄裡面，比起被送回大海然後必死無疑，要好太多了。做這些工作所接觸到的苦，是如此的深刻，如果缺乏儲備的心靈力量，我們是無法繼續下去的。在那些日子裡，我們修行坐禪及行禪，並且靜默而非常專心地吃飯。我們知道，如果缺乏這種紀律，我們的工作就會失敗。許多人的性命，就依靠著我們的正念修行。

不幸的是，在我們已經從海上漂流的小船救了將近八百位難民時，新加坡政府發現了我們要用「勇強號」及「迅猛號」將他們送往澳洲的計畫。有一天在凌晨兩點時，新加坡警方包圍了我居住的建築物。有兩位警察堵住了前門，另兩位堵住後門，還有兩位進到屋內來。他們沒收了我的旅行文件，並且命令我在二十四小時之內離開國境。

在那時候，我們已經有八百人在兩艘大船上了。我們必須想辦法，讓他們安全地在澳洲或關島上岸。我們能怎麼辦呢？我們必須深呼吸，具足完全的正念。在那麼深的夜裡，沒有人會接聽電話的。我們也無法回去睡覺。我們開始在狹小的房間內，練習慢步行禪。

「西貢200」及「黑記」已不准離開港口，無法運送水及食物去給「迅猛號」及「勇強號」上面的難民了。「勇強號」有足夠的汽油可以抵達澳洲，但是引擎壞了；而且我們必須送食物去給他們。天空颳起了強風，海面波濤洶湧，而我們也擔心船隻的安全，甚至怕它會飄離岸邊，而馬來西亞政府也不會准許它進入馬來西亞海域。我們已經嘗試過，取得進入鄰國的許可，好繼續我們的營救計畫，但是泰國、馬來西亞、印尼政府都不發給我入境簽證。然後我們接獲消息，有一個小孩在「迅猛號」上面誕

生了。

雖然我站在堅實的土地上，但我也在海上漂流，因爲我的生命與兩艘船上的八百位難民是合一的。

在這極度艱難的處境下，我領悟到我必須將「欲安即安」付諸實踐。我很驚訝地發現自己頗爲冷靜，並不害怕或擔心任何事。我的擔憂已經消失了——那眞的是心的安詳狀態。

然而還有更多問題，似乎不可能在二十四小時內解決。即使有一整個人生，我們許多人都還抱怨時間不夠用；又怎麼可能在僅僅二十四小時內，做那麼多事呢？我發誓，如果我在那一刻無法擁有安詳，那麼我將永遠無法擁有安詳。如果我無法在危難之時保有安詳，那麼我在平時有的那種安詳，又有什麼意義呢？如果我在艱困之中找不到安詳，我知道我將永遠都不了解眞正的安詳。只要我活著，我將永遠不會忘記那一夜裡，那些坐禪、呼吸、正念行走的分分秒秒。

當我直接面對問題時，成功終於來到了。在清晨四點鐘時，一個想法出現，就是要求法國大使介入，讓我們可以繼續留在新加坡十天，好完成計畫並把難民送到安全所在。但是法國大使館要到八點才開門，所以我們便繼續在戶外練習行禪。

當大使館八點鐘開門時，我們已經等在門口了。我們進入使館並與大使談話後，他站在有利於我們的立場，寫了一封信給新加坡政府，要求他們准許我們再延長停留十天。我們一拿到信，便衝到移民局，他們又要我們去外交部。就在中午之前，他們同意讓我們延長時間。我們只有十五分鐘可以回到移民局，去延長再十天的簽證。如果我們不是在人生中擁有心靈層面，我們就已經迷失了。

椰子和尚

在戰爭期間，有一位和尚住在湄公河中的一座小島上。他在椰子樹上面搭了一個小平台，可以在那裡打坐。在那上面，他可以感受清風吹拂，並居高臨下地觀賞河面風光。這位椰子和尚做了許多事，來教導人們安詳的功課。他在島上籌建了一個修行中心，邀請人們來訪並與他一起練習坐禪。他收集了許多子彈及炸彈的碎片，用它們鑄成一口大鐘，正念之鐘，就掛在修行中心門口。每天早晨及黃昏，他都會敲響鐘聲。他還寫了一首美麗的詩：

親愛的子彈，親愛的炸彈，
我幫助你們聚在一起修行。

在前世，你們殺害並摧毀，
但在今生，你們正在修行。
聲聲呼喚人們覺醒，
向著人性、愛，及智慧覺醒。

有一次他徒步一直走到西貢，走到總統府。他想要傳遞和平的訊息給阮文紹總統。衛兵不准他進入府內，所以他在外面等著。他帶著一個籠子，裡面是一隻老鼠和一隻貓。這隻貓並沒有吃老鼠。衛兵告訴他：「走開，你不能一直坐在那裡。你在這裡要幹什麼？」椰子和尚說：「我想要讓總統看見，即使是一隻貓與一隻老鼠，都能和平地住在一起。」

他照顧牠們雙方，讓這隻貓不覺得需要吃這隻老鼠。他想要展示，甚至一隻貓和一隻老鼠都能和平共住，所以我們人類爲什麼不能呢？這種事是椰子和尚會做的事。

有些人或許認爲他瘋了。那不是眞的。他很清明。他所做的每一件事，目的都只是爲了傳達他的訊息。

戰場上的正念

一九六八年我到美國去，呼籲美國停止轟炸越南。那一年的五月，轟炸西貢的砲火猛烈到「社會服務青年學校」周遭的整個地區都已被摧毀了。超過一萬名難民來到我們校區，他們之中有許多人受傷了，我們必須照料他們。而我們在食物、基本衛生、醫藥器材上完全沒有配備，如果要到校區外去張羅補給是非常危險的。當我們將繃帶全部用光後，年輕女孩們只得把長裙拆剪開，用來做更多繃帶。

在這種絕境之下，我們必須將重傷者疏散運送到校外。但要這麼做，就必須穿越戰場，才能將他們送到醫院。我們決定用佛教的五色旗，來取代紅十字會的旗幟。和尚及尼師們披上他們的袈裟，儀典所用的僧袍，並抬著受傷者。佛教旗幟及袈裟，代表我們是一個和平團體。幸運的是這招管用，讓我們得以送走病人，否則很多人都會死掉。

轟炸到了第三天，擠滿了人的校園內爆發了恐慌，有謠言說反共派將會轟炸校區，因爲在難民中有很多是共產黨人。聽到這些話後，有許多人開始收拾東西離開，但是轟炸太猛烈了，所以他們只好折返。共產黨及反共派就在校園邊界開打了。在那時候，清文法師，一位年僅二十五歲的和尚校長，拿了大擴音器準備宣布，請大家不要離開。但是突然間他問自己，「萬一轟炸眞的發生了呢？」好幾千人將會死亡，而他這麼年輕的和尚，又怎能負起這個責任呢？所以他慢慢地放下了擴音器，沒有做這個宣布。

清文法師領悟到，他必須與戰鬥中的雙方談話。要這麼做，他必須爬過戰火區，以免被兩邊的火力射中。首先，他去了反共派那邊，說服司令官下令他們的飛機不要轟炸擠滿了難民的校園。然後他又去共產黨游擊隊那邊，他們就在我們校園的一角架設了高射炮要射飛機。雙方都被他的請求感動了，因此也照他的話做了。那是一個奇蹟。在他執行這個任務時，他什麼都沒帶，只有他的勇氣、慈愛，及悲憫心。

在那種處境下，你必須極度具足正念。有時候你必須迅速反應，同時保持冷靜。如果你懷有憤怒或猜疑，你就無法做到。你必須心思清明。在戰爭的處境中，我們在非暴力的修行上更加深入了。非暴力並非你可以用理智去學習的一組技術。非暴力的行動，是從你內在具有的悲憫、清明及智慧中，自然而然生起的。

請願書

越戰期間，我最親近的學生之一，眞空法師寫了一份和平請願書。她是西貢大學的教授，並且勸說了七十位同事簽名連署。之後不久，北方軍隊在越南南部展開了大規模的攻擊。當時的氣氛非常緊張。結果是，當地主管機關公開宣布，要所有簽署請願書的教授們到教育部去簽一份聲明，撤銷他們對和平請願書的支持。所有的教授們都妥協了，只除了眞空法師一位。

她被教育部長親自約談，告訴她如果她不撤銷她的和平請願，就會失去大學教職，也有可能入獄。而眞空法師下定了決心，要承擔她發起請願行動的所有責任。

於是她說：「部長先生，身爲老師，我相信在這殺戮及困惑的時刻，我們能做的最重要的事，就是以勇氣、智慧，及慈愛來發聲。那就是我所做的事。您身爲教育部長，在政府中擔任這麼高的職位之前，也是一位老師。對我們這些年輕老師來說，您就像是一位大哥哥。」當部長聽到這些話時，他的心軟化了。他道了歉，並且沒有再做任何不利於眞空法師的事。

即使在這麼敵對的處境下，還是有可能灌溉悲憫的種子。當我們以智慧及悲憫的眼睛看清楚時，我們便不再覺得自己是暴力的受害者。對於試圖傷害我們的人，我們甚至能打開他的心及眼睛。我們能夠化敵爲友。

馬丁・路德・金恩菩薩

我在一九六五年六月一日，第一次寫信給金恩博士，向他解釋爲什麼我們越南有些人在反戰示威中自焚。我說明那並非是自殺或絕望的行爲，那是愛的行爲。爲了讓自己的聲音被聽見，爲了讓訊息傳達出去，有時候我們除了自焚之外，別無他法。越南人不想要戰爭，但是這個心聲沒有辦法讓人聽見。交戰雙方控制了所有的電台、電視，以及新聞報紙。那樣子的自焚，並非暴力行爲。那是一種慈悲的行爲，和平的行爲。自焚的和尚所受的苦，傳達了慈愛及悲憫的訊息——那個本質就如同耶穌基督在十字架上受難，沒有憎恨，沒有憤怒，只有悲憫，遺留在身後的是對於和平，對於兄弟情誼的慈悲呼籲。

一年之後，一九六六年的六月一日，我在芝加哥見到了尊貴的馬丁・路德・金恩博士本人。從初見那一刻起，我就知道我面對的是一位聖者。不只是他做的善事，還有他本人，都對我產生極大的激勵與啓發。當代表了某個精神傳承的人擁有那個傳承的精髓時，光是他們走路、站立，或微笑的方式，就鏗鏘有力地展現了那一個傳承。那個時候的馬丁．路德．金恩博士還年輕，我也是。我們都是「和解協會」（Fellowship of Reconciliation）的成員，那是一個致力於幫助衝突團體，找到和平解決辦法的組織。

我們在他的房間裡喝茶，然後下樓去參加一個記者會。在記者會裡，金恩博士第一次公開聲明反對越戰。就是在那一天，我們展開合作，致力於實現越南和平以及爭取美國公民權利。我們都同意，人的眞正敵人並不是人。我們的敵人並不在自身之外。我們眞正的敵人是憤怒、憎恨，以及歧視，那是存在於人自己心靈內在的。我們必須認出眞正的敵人，並找到非暴力的方法來去除它。我在記者會中說，他爭取公民權及人權的行動，與我們致力於終止越戰的努力完全契合。

又一年之後，在一九六七年五月，我又在日內瓦的「全球和平」研討會上再度見到金恩博士，那個研討會是由「世界教堂議會」主辦的。金恩博士住在十一樓，我住在四樓。他邀請我上樓去共進早餐。在半路上，我被記者拖延住而遲到了。他幫我把早餐保溫，並等候著我。我向他問候：「金恩博士，金恩博士！」

他回答：「行博士，行博士！」

我們得以繼續討論和平、自由與族群的話題，以及美國可以採取什麼行動來終止戰爭。我們都同意，如果沒有一個團體，我們很難持續深入。如果沒有一個快樂、和諧的團體，我們將無法實現我們的夢想。

我告訴他：「馬丁，你知道嗎？在越南他們稱你爲菩薩，菩薩就是一個已經覺悟的人，並且試圖覺醒其他人，幫助他們變得更具有慈悲與智慧。」我很高興有機會告訴他這些話，因爲就在幾個月之後，他在孟非斯被暗殺身亡了。

聽到他被暗殺的消息時，正在紐約的我崩潰了。我無法進食，我無法入睡。我深深地發了誓願，要繼續建立他所謂的「受愛者社群」（the beloved community），不只是爲了我自己，也是爲了他。我已經做到了我對馬丁・路德・金恩博士的承諾，而且我認爲我一直都得到他的支持。

良心犯

我認識一位比丘尼，她畢業於美國印第安那大學，並在越南修行。由於她從事和平及和解行動，因而被警方逮捕並送入監獄。她盡最大的心力，在獄中牢房內持續修行。那很困難，因爲如果他們在白天看到她在牢房中打坐，就認爲那樣打坐體驗和平，是一種挑釁及蔑視的行爲。所以他們禁止她打坐。她必須等到熄燈之後，才得以坐起來修行。他們甚至連她的修行機會也要剝奪。然而她還是能夠繼續下去。她練習行禪，雖然她擁有的空間十分狹小。她也可以用仁慈溫柔的方式，與被關在一起的其他人談話。幸虧她有修行，才能夠幫助其他人少受些苦。

我還有一位越南朋友，被關進北越偏遠森林地區的「再教育營」。在他被關在那裡的四年當中，他練習禪修並能夠擁有內在安詳地活了下來。當他被釋放時，他的心有如寶劍般鋒利。他知道，在那四年裡他並未失去什麼。相反地，他知道他已經「在禪修中再教育了自己」。

我們有很多東西可能被剝奪，但是絕沒有人能夠偷走我們的決心或我們的自由。沒有人能夠偷走我們的修行。即使在極端的處境裡，還是有可能保有我們的快樂，我們的安詳，以及我們內在的自由。只要我們還能夠呼吸、行走，以及微笑，我們就能夠安詳，我們就能夠快樂。

我從中間來的

有一次，我在費城與許多人一起參加終止越戰的示威遊行。有一位記者訪問我：「你是從北方來的？還是從南方來的？」對他而言，如果我從北方來，就是反美的共產黨，而如果我是從南方來的，就是反共產黨的。我保持正念地走著，而他正拿著麥克風。我停了一秒鐘，然後說：「我從中間來的。」

有時候，人們有某種特定的想法或看待事情的方式，而且他們想要把你歸類到某個盒子裡。但是如果你並不屬於他們心中的任何一種類別時，會發生什麼事呢？事情的眞相是重點，而不是我們用以說明事情的語言。名稱只不過是一種傳統的識別，名稱並非眞相。我們必須訓練自己，深入地觀察到眞相的眞實本質。

當我們想到巴黎時，就會對巴黎有一種想法，一種觀念，以及用以描述巴黎的說法。但是巴黎與我們對它的觀念及說法，大不相同。我們也許到過巴黎住了幾天，所以我們以爲我們了解它。但是有人在巴黎住了十幾二十年了，也還沒有發現這個城市的所有眞相。我們不應該錯誤地把說法及想法當作眞相。

在一九八〇年代的某一天，我在阿姆斯特丹參加一場座談會。有一位神學家站起來，並詢問我有關《火海中的蓮花》（*Lotus in a Sea of Fire*）裡的一句話，那是我在一九六七年寫的一本書。我看著他並說：「我沒有寫那本書。」*他非常震驚。但眞相是，我本人活生生地在他面前，而他卻對二十年前的幻象有興趣。一九六七年時的越南以及全世界的狀況，與現在是十分不同的。我們每一個人都持續在變化中。我們不需要被困在自己許多年前的想法裡。

---

*此句照原文字譯，但禪師的意思或許是，不要受過去制約。

這不是中國

一九六六年我在美國明尼阿波里斯的一座教堂演講，結束之後我覺得非常疲倦。我慢慢地行禪走回我的房間，好讓自己享受夜晚清涼芳香的空氣，並獲得它的滋養與療癒。

當我正念地行走，自由地踏出每一步時，有一輛車從後面駛來，並在離我很近的地方急煞住。開車的人甩開車門，瞪視著我並咆哮道：「這裡是美國，這裡不是中國！」然後開車走了。他或許這麼想：「這個中國人是誰？膽敢在美國這樣自由自在地散步。」這令他無法忍受。他也許認爲：「這裡是美國，只有白人能夠住在這裡。你們這些中國人，你們怎麼膽敢來這裡？你們怎麼膽敢這麼自由地散步？你們沒有權利這樣散步。這裡是美國，這裡不是中國。」

我並沒有憤怒（這一點是好的），我認爲這件事十分滑稽。我想：「如果他能停留一會兒，我會這麼告訴他：『我百分之百同意你，這裡是美國，這裡不是中國。你何必對著我咆哮呢？』」

我們知道，我們每個人內在都有著分別（歧視）的種子。我曾經被各式各樣膚色深淺不一的人咆哮過。迫害者以及受迫害者都存在於我們每一個人內在，而我們的修行是爲了獲得無分別的智慧。

當人們稱我們非裔美國人時，我們應該回答：「是的。」當他們稱我們美國人時，我們也回答：「是的。」當人們以受歧視者的名字稱呼我們時，我們回答：「是的。」而當他們以那些歧視者的名字稱我們時，我們也回答：「是的。」他們全都是我們。在我們每一個人內在裡，都雙雙住著受歧視的被害者以及歧視者。

阿爾弗雷德・哈斯勒

我的朋友阿爾弗雷德・哈斯勒（Alfred Hassler）在紐約州紐雅客的「和解協會」工作。他與康乃爾大學的喬治・卡恩（George Kahin）教授一起，負責將我帶到美國，發表有關越戰的談話。阿爾弗雷德在一九九六年爲我安排了巡迴演說，到美國各地的教堂及大學演講。

阿爾弗雷德・哈斯勒花了很多時間，與我們一同致力於提高人們對於越南人民受到戰爭之苦的認識。致力於和平，爲他帶來極大的快樂與歡喜。在北美之旅結束後，他還幫忙安排了訪問歐洲、亞洲，以及澳洲的旅程。我們有很多時間相處在一起。

許多年後的某一天，我在紐約正要開始帶領一期正念禪修營，卻收到阿爾弗雷德正在紐約市的天主堂醫院彌留的消息。醫院並不遠，所以一些與他相熟的男女僧眾們，包括眞空法師以及我本人，決定要改變行程去看望他。當我們抵達醫院時，阿爾弗雷德已經進入昏迷了。他的妻子桃樂西以及女兒蘿拉都在身邊。我們抵達時，他們都很高興看到我們。

眞空法師與我進到他的房間裡。他已經昏迷了一陣子，當我們進去時他並未清醒。眞空法師開始爲他唱起一首我過去寫的歌：「這個身體不是我，我不被這個身體束縛。我是沒有界限的生命。我的本質是不生不死的本質。」

當她開始唱第三遍時，阿爾弗雷德恢復意識了。不要以爲人在昏迷時，你就不再能夠與他們溝通了。無論如何，還是要對他們說話。他們還是有辦法接收到你的訊息。

眞空法師開始說起，當年我們一起爲和平努力時的一些事。她說了好多關於締造和平的故事。「阿爾弗雷德，你記得在羅馬的那一天嗎？有三百位天主教神父舉著三百位佛教和尚的名牌，因爲他們在越南並且拒絕從軍。阿爾弗雷德，你記得我們在哥本哈根的時光嗎？」

她繼續告訴他，當年我們一起致力於和平工作時曾有的快樂經驗。當眞空法師正喚起他的回憶時，我則按摩著他的腳。突然間，阿爾弗雷德睜開眼睛並說：「太棒了，太棒了。」之後他又陷入昏迷中了。

天開始暗了，而且我們按計畫當晚要教授禪修營的第一堂課，所以我們必須離開了。第二天早上，我接到他女兒的消息說，阿爾弗雷德在我們離開之後的幾小時，非常安詳而且沒有痛苦地去世了。

以真名喚我

在我流亡法國的早些年中，我得知有位十一歲的女孩與家人及其他船民逃出越南的事。她被一位海盜強暴了，就在船上。她的父親試圖介入阻止，但海盜把她父親丟入海中了。這個小孩被強暴後，跳入海中企圖自殺。我們收到這個悲慘消息當天，正在巴黎的「佛教和平代表團」辦公室工作。我非常沮喪難過，以致無法入睡。我感到憤怒、責怪，以及絕望。

那一晚的禪坐中，我觀想自己是一個男嬰，誕生在泰國海邊一個很貧窮的漁夫家中。他不認識字，從來沒上過學或進過寺廟，他從沒聽過任何佛教教法或受過任何教育。泰國的政治家、教育家，及社會工作者，從來不曾幫助過我的父親。我的母親也一樣不能閱讀或書寫，而且她也不懂如何教養小孩。我父親家好幾個世代都是貧窮農民，我的祖父以及曾祖父都是漁夫。當我長到十三歲時，我也成了漁夫。我從沒上過學，我從沒感受過被愛或被了解，而且我生活在延續了一代又一代的長年貧困中。

然後有一天，有位年輕漁夫對我說：「讓我們出海去。有一些船民會經過這附近，而且他們通常會帶著黃金和珠寶，有時候甚至會有錢。只要出去一趟，我們從此就能擺脫掉這貧窮了。」我接受了這個邀請，想著：「我們只需要拿走他們的一些珠寶，這沒什麼傷害，然後我們就能脫離貧窮了。」所以我變成了海盜。我第一次出海時，甚至沒有意識到自己已經變成海盜了。有一次在海上，我開始看見其他海盜強暴在船上的年輕女人。我從來沒碰過年輕女人，我甚至從沒想過與年輕女人牽手或一起出去。但是後來在一艘船上，有一位非常美麗的年輕女人，而且那裡也沒有警察可以阻止我。我看過其他人這麼做，我問自己：「我爲什麼不也試試看？這是我體驗年輕女人身體的機會。」所以我就做了。

如果你當時正在船上並且有一把槍，你可能已經殺了我。但是射殺我並不會幫助我。從來沒有人教過我如何去愛，如何去了解，如何看見其他人的苦。我的父母也從來沒被教導過這些。我不知道什麼是善，什麼又是不善，我不了解因與果。我生活在黑暗之中。如果你有一把槍，你可以射殺我，而我會死。但是你完全無法幫助到我。

隨著我繼續打坐，我看見那一晚有數以百計的嬰兒，有許多是男嬰，出生在泰國海邊類似的處境中。如果政治家及文化部長們能夠深入觀察，他們會看見這些嬰兒，在二十年中會變成海盜。當我能夠看見那個情境時，我理解了海盜的行爲。當我設身處地於同樣的情境，出生在世世代代都貧窮，而且未受過教育的家庭裡，我看見自己無法避免成爲海盜。而當我看見這一點時，我的憤怒消失了，並且能夠爲海盜們感到悲憫。

當我看見那些嬰兒們出生，並且無助地長大時，我知道自己必須做些什麼，好讓他們不變成海盜。菩薩的精進力於我內在生長了，菩薩就是一個懷有無限慈愛的悲憫者。我完全不再受苦了。我不但能夠擁抱那位被強暴的十一歲女孩的苦，也能夠擁抱那個海盜的苦。

當你稱呼我為「一行禪師」時，我回答：「是的。」當你用那位被強暴的小孩名字稱呼我時，我也回答：「是的。」如果你用那位海盜的名字稱呼我，我也會回答：「是的。」就看我出生於哪裡，在什麼樣的環境下成長，我有可能成為那位女孩，或者可能成為那位海盜。

我是烏干達或剛果的小孩，全身皮包骨，兩條腿像竹竿一樣瘦。而我也是軍火商人，向剛果販售致命武器。剛果的那些貧窮小孩並不需要炸彈，他們需要的是食物。但是在美國這裡，我們靠著生產炸彈及槍枝謀生。而如果我們希望他人購買槍火炸彈，我們就需要製造戰爭。如果你呼喚剛果小孩的名字，我會回答：「是的。」如果你呼喚那些製造槍火炸彈的人名，我也回答：「是的。」當我能看見，我就是所有這些人時，我的仇恨消失了，而且我下定決心要以這種方式生活：既能夠幫助受害者，也能夠幫助那些製造並鼓吹戰爭及毀滅的人。

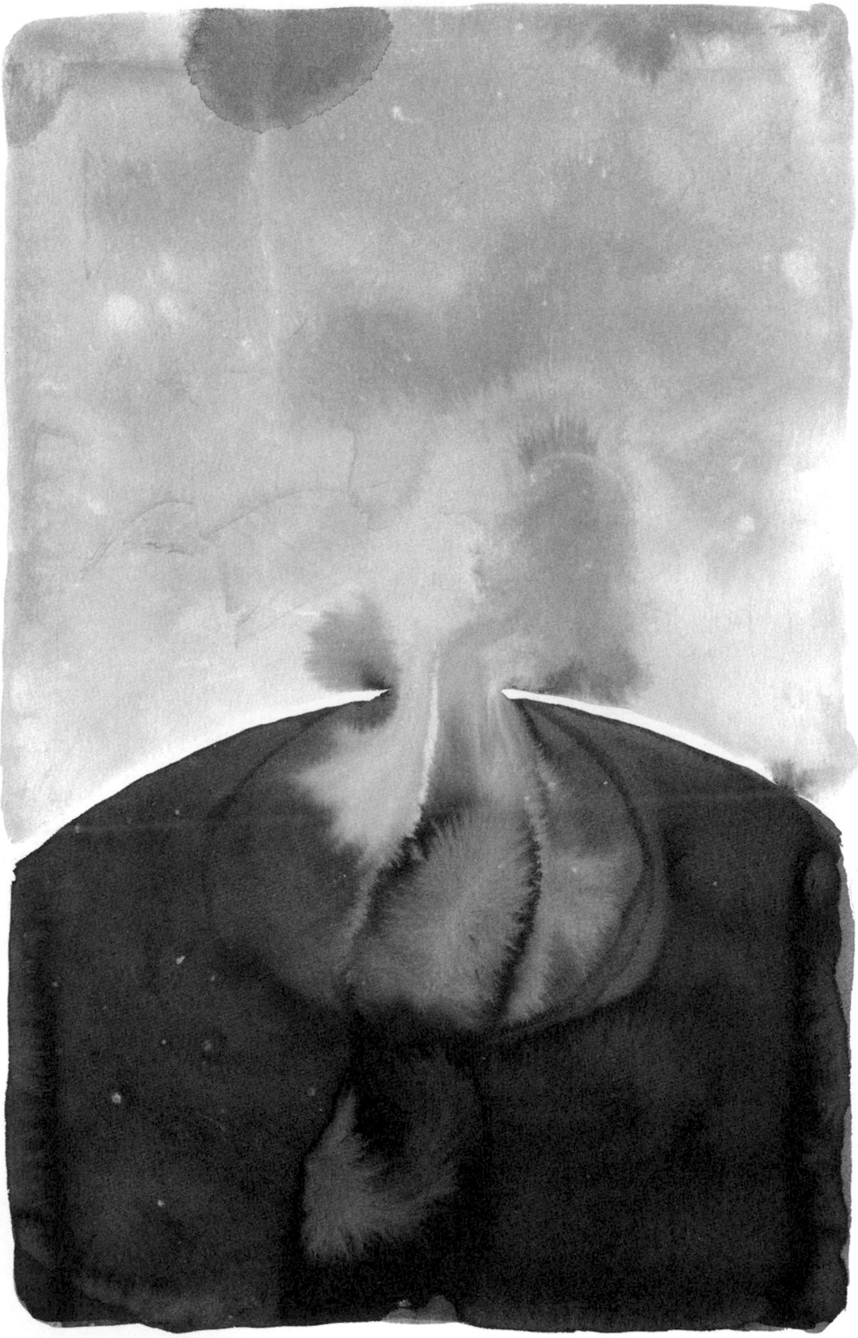

療癒戰爭的創傷

我們在美國為越戰退伍軍人舉辦過許多場禪修營。他們都很棒，但不總是輕鬆自在，因為許多退伍軍人仍然在他們的傷痛中掙扎。在一九九〇年代初期的一場禪修營中，有位男士告訴我，他在越南的單一場戰役中就失去了四百一十七人，就在一天之內。從那時起，他只要活著就必須忍受這件事。

有一位軍人告訴我，這禪修營是他十五年來第一次，身在群體中卻感到安全。十五年來，他無法輕易地吞嚥固體食物。他已經停止與他人交談。但是在練習了三、四天的正念禪坐與行禪之後，他開始敞開心胸並與他人交談了。你必須提供很多的慈愛，才能夠幫助這樣的人，再度深刻地接觸生命。在禪修營中，我們互相鼓勵彼此，回到自己內在及周遭的許多正面而療癒的元素上。

我們保持靜默地吃早餐。練習行禪時，我們踏著正念安詳的步伐，以慈悲碰觸地球。我們正念地呼吸，好深深地接觸新鮮空氣，我們也深刻地觀察我們杯中的茶，很眞實地接觸到茶葉、水、雲，以及雨。我們一起打坐，一起呼吸，一起行禪，並且試著從我們在越南的經驗中學習。

退伍軍人們的經驗，讓他們成爲蠟燭頂端的光，照亮了戰爭的根源及和平的道路。我們可以從他們的苦難中，學到很多。沒有什麼是單獨存在的。我們全都屬於彼此，我們無法將實相切割成碎片。我的快樂就是你的快樂，我的苦難就是你的苦難。我們一起療癒並轉化。每一邊都是「我們這邊」，並沒有邪惡的一邊，並沒有敵人。

修行是一艘船

我認識一位越戰退伍軍人，他在戰爭期間殺害了五位無辜的越南孩童，而他無法原諒自己做了這種事。他的小組在一個突襲戰中被抓了，他的許多朋友都被殺死了，只有他和少數幾個人生還。他非常憤怒。為了報復，他在朋友被殺的村子裡佈下陷阱。他用肉片及其他東西做了三明治，將炸藥夾在麵包之間，再把它們放在村子入口附近。

然後他躲起來觀察。很快地，有些小孩出來了，發現三明治就開始吃了起來。就在他注視之下，這些小孩開始哭泣並受到悲慘的折磨。他們的父母絕望地衝了出來。他們想要叫救護車，但是那個地方很偏僻，所以不可能。這位軍人知道，即使有救護車，也來不及救這些小孩。他眼睜睜地看著這些小孩在父母懷中極度痛苦地死去。

自從他回到美國之後，就無法入睡。如果他單獨與小孩同處一室，他就會受不了而盡快地衝出去。他無法對任何人提起這件事，除了他失聰的母親。她說：「我的孩子，那就是戰爭的本質。戰爭中就是會發生這種事情。別太苛責你自己了。」這對他毫無幫助，而他就繼續受苦。他無法原諒自己殺害了那五個小孩。

在我們爲越戰退伍軍人舉辦的第一次禪修營中，他說出了這件事。那次禪修營非常艱難。很多退伍軍人是因爲他們的心理諮商師建議才來參加的，但是他們懷疑這個禪修營或許是一種埋伏突擊，爲了要殺害他們，尤其是由一位越南和尚來帶領的禪修營。

有一天在行禪時，我看見一位退伍軍人走在群體後面，離了大約二十公尺遠。有人問他，爲什麼不和大家走在一起，他解釋說，如果有突擊，他留在後面就還有時間逃走。另一位退伍軍人，則是無法在宿舍內睡覺。他在森林中搭營帳獨自睡，並且在營帳周圍佈下陷阱來保護自己。許多退伍軍人都無法說話。

有一天，我走向那位用毒三明治殺害了五個小孩的退伍軍人，邀請他到我的房間來。「你殺害了五個小孩是事實，」我說：「但是今天你能夠拯救五個小孩，也是事實。」

在全世界各地，包括在美國，都有小孩因爲暴力、貧窮、迫害而死亡。在有些案例裡，只需要一點點藥品、食物、或保暖衣服就能夠救助小孩。我問這位退伍軍人：「爲什麼你不利用自己的生命，來救助這樣的小孩呢？你曾殺害過五個小孩，但是現在你有機會去拯救五十個小孩。現在此刻，你就能夠療癒過去。」

正念的修行就像是一艘船，而藉由修行正念，你爲自己提供了一艘船。只要你繼續修行，只要你留在船上，你就不會沉沒或溺斃在苦難之河裡。

這位退伍軍人慢慢地接受了這些話。他奉獻生命去救助兒童，而在這過程中，他也藉由他的付出而獲得了療癒。現在此刻包含了過去，而如果你能夠深刻地活在當下此刻，你就能療癒過去。你不須要等待什麼。

鮮花初開

我在越南長大。我在越南出家成為僧侶。我在越南學習並修行佛教。在我來到西方之前，我在越南教導過好幾世代的佛教學生。但是我現在可以說，我是在西方體證了我的道路。

我在一九六二年受邀到普林斯頓大學教書，在那裡我開始有了許多深刻的洞見，修行的開花結果。對我來說，到普林斯頓就像是進入了一座寺廟一樣。那時候，它是一所專收男生的大學，完全沒有女生，而我住在神學院的布朗廳。整個氣氛非常安詳及和善，與我在越南時的緊張與壓迫大不相同。我有很多時間，可以沿著學院步道行禪。就是在普林斯頓，我看到我生平第一次的冬雪、第一次的春天、第一次的秋天。就是在那裡，我第一次眞正地品嚐到，快樂安住於當下的安詳和平。

正念是我的基本禪修練習。正念的意思是，安住於當下此刻並且覺知一切——我們內在與周遭的，正面與負面的元素。我們學習滋養正的一面，並且認出、擁抱、轉化負的一面。

我們能夠每天提醒自己，修行並非去到哪裡或獲得什麼。修行本身正就是我們在尋找的喜樂與安詳。修行就是目的地。我們每一個人都有可能，快樂地安住在當下。

竹林

當我在一九六四年從美國回到越南時，住在西貢繁忙的市中心。我在那裡創辦了「萬行佛教大學」（Van Hanh Buddhist University），出版了《漲潮之聲》，並籌備開辦「社會服務青年學校」。我會盡量花時間待在位於市區之外，頭頓舊邑區的竹林寺，好享受那裡的平靜及美好氣氛。

有一天早上，我在竹林寺的小屋中很早就醒來，大約三點鐘時。當我把腳放到地面上時，那冰涼感讓我非常清醒。我保持那個姿勢大約一小時。當我看著外面的漆黑一片時，聽見了早晨的第一聲鐘響。雖然我無法分辨出個別的事物，但我知道棕櫚樹及竹叢就在那裡。在那夜晚的黑暗中，我知道你在那裡，因爲我在那裡。

你爲了我而在那裡，而我爲了你在這裡，那就是「相即」（interbeing）的教導。

意識永遠是意識到什麼，認知永遠包括了主體以及客體一起。

認知伸出的手臂，
在電光的一閃間，
連結了一百萬劫的距離，
連結了生與死，
連結了知者與被知者。

梅村的綻放

風中的精舍*

大約三十年前，我在法國北部一個叫做奧特森林（la Forêt d'Othe），我們「甜薯社區」的精舍裡，愉快地閉關自修。我喜歡在樹林裡打坐及散步。在一個風光明媚的早晨，我決定要整天都待在樹林裡，所以我帶上了一碗飯、一些芝麻子及一瓶水，然後就出發了。我計畫整天都待在戶外，但是到了大約下午三點鐘時，天空開始烏雲密布。我在早上離開精舍前，把門及所有的窗戶都打開了，好讓陽光及新鮮空氣進入屋內。但是隨著風力迅速增強，我知道必須趕快回去照料精舍了。

抵達家門時，我發現精舍的狀況慘不忍睹，一片狼藉。陣陣強風把我桌上的紙張吹散得到處都是。整個感覺就是寒冷及黑暗。我做的第一件事，是關上門及所有的窗戶，好讓風不至於繼續肆虐。然後我在火爐裡生起火。當火苗開始燃燒時，我也開始撿拾地上的紙張，把它們在桌上堆疊好，並用一塊小磚頭壓住，也試著把精舍收拾整理妥當。爐火很快便讓一切都溫暖、愉快、放鬆起來。我在爐火邊坐下，烤著手指，並聆聽欣賞著外邊交作的風雨聲。

總有一些日子似乎跟你作對，讓你覺得什麼事都不對勁。你愈是努力，情況就愈糟糕。每個人都會遇上這種日子。那就是該暫停一切的時候了，回家去，在你自己那裡找到庇護。第一件要做的事，便是關上門窗。當你感覺一切都混亂不堪時，眼、耳、鼻、舌、身、意便是你要關上的六扇窗門。我們的六個感官是心的門窗。把它們全關上，以避免強風吹入，讓你陷入麻煩，痛苦不堪。

關上窗戶，關上門，並生個火。練習正念呼吸，用它來創造出一種溫暖、放鬆、及舒服的感覺。重新調整一切——你的感覺、你的想法、你的情緒——它們散亂得到

*精舍：修行人居住的地方；原文為 hermitage。

處都是，內在一片零亂不堪。去認出並擁抱每一種情緒。就像我收拾精舍裡四處散亂的紙張一樣地收拾它們。練習正念及專注，把你內在的一切收拾妥當。這會幫助你恢復平靜與安詳。

如果我們完全依賴外在的狀況，我們將會迷失。我們需要一個總是能夠依靠的庇護所（皈依處），而那就是自己這個島嶼。穩固地安立在我們自己的內在島嶼上，我們就非常安全。我們可以花時間讓自己康復及充電，並且變得更強大，直到我們準備好，可以再度外出去面對及處理。

即使你非常年輕，你也能夠在內在找到那座島嶼。每當你非常痛苦，而且什麼都不對勁時，就暫停一切並且立刻到那座島嶼去。只要你有需要，就皈依於你內在的島嶼，也許是五分鐘、十分鐘、十五分鐘，或半小時。你內在會感覺更強大，也更安好。

享受你的睡袋

我在一九六九年應越南「統一佛教會」(Unified Buddhist Church)的要求，在「巴黎和談」時幫忙籌設了「佛教和平代表團」。那是我流亡海外的第三年，並且已經在法國尋求了政治庇護。和談已經在進行了，但是越南人民要求和平並終止戰爭的聲音，卻沒有人聽見。

「佛教和平代表團」的總部在巴黎，位於貧窮的阿拉伯區內一個很小的公寓裡。有許多人一起住在那裡，空間十分擁擠，有時候地板位置不夠，眞空法師就必須要求外宿在附近的餐廳裡。

要找到足夠的食物及衣服，眞是個挑戰。我們不在超市購買一般的米，而是改買比較便宜的碎米，那種米通常是作爲鳥食，在寵物店裡販售的。有一天那位賣碎米的人問我們：「你們爲什麼買這麼多米？你們家裡一定養了很多鳥。」我們說：「是的。我們一共有九隻，而且每一隻都很大！」我們一邊說一邊用手比劃著，那些鳥究竟有多大。

撇開這些困難不談，我們的生活倒是充滿了快樂。我找到一個教職，每個月有一千法郎的薪水收入。代表團裡的其他人也必須去找工作。眞空法師原本是西貢的一位大學教授，於是她便教導數學並擔任年輕學生的家教，來補貼我們的收入。我去上了一個如何做出版生意的課。我們擁有一台印刷機，也出版書籍來幫助難民們排解痛苦，並幫助他們學習外語，好讓他們在其他國家能夠安頓下來。

十年之後，我們在法國西南部找到一塊地，並創建了「梅村正念修行中心」（Plum Village Mindfulness Practice Center）。我從來沒有想要建造一座豪華美麗的寺廟。我們收到的任何捐款，都送回越南去救濟水災難民及飢荒。現在到梅村的訪客，仍然有許多人要睡睡袋。而眞空法師直至今日，依然睡在睡袋裡。我則通常是睡在一塊很薄的床墊上，下面是一塊木板，四個角落下方各用一塊磚頭墊起來。睡在木板上的睡袋裡，並不會減損我們的快樂。

標緻汽車

我們在一九七〇年代，抵達法國的幾年之內，買了一輛二手的小型標緻汽車。我們開著它跑遍了整個歐洲，用這輛車來裝載運輸的，不只是人，還有沙子、磚頭、工具、書籍、食物，以及各種各類的物資。我們當時正在巴黎郊外的一座老農莊著手建立「甜薯社區」。我們拿這輛車做各式各樣的用途，也一直用了許多年。當這輛車變得老舊而且不堪使用時，我們卻有些難以捨棄它。我們有些執著於這輛小標緻，因爲它與我們一起經歷過這麼多大小事。它曾經從多次拋錨、意外，及無數次的修理中生還。我的朋友們與我，在必須報廢它的那個晚上，都感到哀傷難過。

我不知道如今人們是否還會對慣用的物品，產生這麼深刻的連結。大多數人都渴望擁有最新穎的東西，而製造商及廣告商都知道這一點。現今生產的物品大多不耐用，這並非沒有原因。

我們所渴望的物品，不斷持續改變著。而我們對購買物品的渴望，也時刻在改變中。我們總是追逐著新事物。我們對於新買的東西可能著迷一陣子，但是很快便將它視為理所當然，然後厭倦、丟棄，再去買別的新東西。當你在正念中成長時，你的生命就重建了。你開始看見，我們在空虛無意義的消費中浪費了多少時間。深入地觀察，我們便看見那空虛的消費帶給我們的，並非持久的快樂，只是痛苦而已。

穆內先生與杉樹

我們為梅村購買的第一筆地產是一座舊農場，擁有大約五十二畝開墾過的土地與四十八畝的森林，以及幾座石造建物：包括一座大穀倉、幾個馬廄及倉庫。

我們種植了一千二百五十棵梅樹，這是取名「梅村」的原因，種樹的錢是來中心修行的孩童們捐獻的。許多孩童為了購買梅樹而儲存零用錢。種植一棵梅樹苗的費用大約要三十五法郎。我們種了一千二百五十棵，因為那是佛陀原始僧團的僧侶人數。我們盤算著要曬梅子做梅干，也要做梅子醬——這些都可以用來義賣，然後將所得款項寄到越南去救濟飢餓的孩童。那個時候只有我們少數幾間寺廟，而且我們還照顧著一些越南難民，他們由於戰爭的磨難以及前來法國的旅途跋涉，而十分虛弱。修整破敗的建築物，讓它可以用來住人，有很多工作等著要做，不但需要大量的體力勞動，我們也必須學習，如何在與家鄉非常不同的氣候下耕作。

我們很幸運地有個好鄰居穆內先生，他是位眞正的菩薩。他所住的房子是原本農莊的主建物，而且座落位置離我們很近。他給予我們大量的援助，出借他的工具、告訴我們該種什麼以及何時播種，而且無論發生什麼事，他總是一貫地興高采烈。穆內先生塊頭很大，也很強壯。我們依賴他，也非常喜愛他。

有一天，傳來了令人震驚的消息，他毫無預警地心臟病突發去世了。我們費了許多心力爲他籌辦葬禮，並給他我們的心靈支援及力量。有一晚，我因爲朋友的離去，感到很痛苦而無法入眠。正當我在行禪以舒緩因他去世而感到的哀傷時，穆內先生的影像在心裡浮現了。那必定是穆內先生沒錯，但是與我認識的穆內先生不同。那是小孩子的穆內先生，帶著佛陀的微笑，快樂而平靜。那是穆內先生對我的友善微笑，至今依然活在我的心裡。

失去像穆內先生這樣的朋友，感覺如此傷痛。隔天早上我必須做一場開示。我想

要睡覺但卻睡不著，於是便練習觀呼吸。那是個寒冷的冬天夜晚，我躺在床上觀想著我精舍院子裡美麗的樹木。

我在幾年前，種了三株美麗的杉樹，它們是來自喜馬拉雅山的樹種。這些樹現在已經很大了，我在行禪時，慣常停下來擁抱這些美麗的杉樹，一邊吸入氣息呼出氣息。杉樹們總是回應我的擁抱，我很確定這件事。所以我躺在床上，只是吸氣呼氣，變成了杉樹與我的呼吸。我覺得好多了，但是仍然無法入睡。

最後我觀想一位令人喜愛的越南小孩，她的暱稱是「小竹子」。她在兩歲時來到梅村，由於她是這麼的可愛，以至於每個人都想要抱她，尤其是孩童們。他們很少讓「小竹子」在地上走。她現在已經六歲了。我想著她的樣子，練習著呼吸及微笑。就在幾個片刻之後，我就安穩地進入了睡鄉。

我們每個人都需要留存一些美好、健康，且強烈的記憶與經驗，它們的力量強大，可以幫助我們度過艱難時刻。有時候我們的痛苦如此巨大，令人無法真正接觸到生命的美妙。我們需要幫助。但是如果我們擁有一個強大的儲藏室，儲藏著許多快樂的記憶與經驗，我們便可以呼喚它們來到心裡，以幫助我們擁抱內在的痛苦區塊。

你可能有非常親密的朋友，而且深刻地了解你。只要與他（她）們在一起，不須說任何話就已經非常舒服了。在艱難時刻，你可以邀請你朋友的影像來到意識裡，而你們兩位可以一起呼吸。你立刻就會覺得好些了。

每當你與朋友在一起時，你就能重建內在的平衡。因此你與他們坐在一起或同行時，你必須修行正念，好深刻地體驗他（她）們的存在。這會幫助你加強你的內在力量，當你再度孤單時仍然感覺踏實。但是如果你只是用你朋友的存在來舒緩痛苦，你對他（她）們的記憶就不夠強，不能夠在你回家後繼續支持你。我們所深刻體會、完全覺知的每一個正面經驗，就像是種植在我們意識裡的良善種子。我們需要一直修行正念，才能在我們內在播下具有療癒力而正面的種子。然後，當我們需要它們時，它們就能照顧我們。

傘松

我們在法國北部的「甜薯精舍」，舉辦了第一次的家庭暑期禪修營。然而，這是個很小的中心，空間不足以容納所有人。所以我們到南部尋找土地，想要建一座可以容納更多人的修行中心。

當我們第一次看見「上村」時，我立刻因爲它的美麗而喜歡上它了。我看見了可以用來行禪的小徑，第一眼就愛上了它。然而，土地所有人德宗先生並不想出售它的地產。我們非常喜愛那塊地，而他已經在那裡務農耕種很久了。

我們繼續尋找土地，幾天之後，亦即一九八二年的九月二十八日，我們找到了「下村」並且購入。但是我們仍然想要「上村」，所以便繼續關注那裡的情況。那一年下了一場冰雹，摧毀了德宗先生土地上的所有葡萄藤。他十分生氣並以非常高的價格標售土地，但其實並不眞的想要出售。雖然售價提高了，但是因爲我們太喜歡便買下來了。

安錫先生與他的妻子及兩個小孩，是從越南搭船來的。他們是最早幫助我們建立「梅村」的人。從一九八二年冬天一直到一九八三年夏天，我們都必須辛勤工作。在一九八三年初，我們開始在「上村」種了一些樹。頭一批樹就是六株傘松。「上村」的土地布滿石頭，所以我們需要一位當地的農人及他的機器幫忙挖洞，才能種下那些樹。我們在每個洞裡放了些牛糞當肥料。那一天下著雨，每個人都淋得濕透了。事後我生了病，還躺了三個禮拜，讓每個人都很擔心。幸運地，過了一陣子，我便能起來並喝些米湯了。

那時候，我們稱自己的新家爲「柿村」。在一九五〇年代，我們在越南中央高地的「道萊森林」裡有個「芳香棕櫚葉社群」，但是「社會服務青年學校」需要一個離城市比較近的中心。在我寫《正念的奇蹟》（*The Miracle of Mindfulness*）這本書時，我提過這個想法，想要創建一個叫做「柿村」的禪修中心。八年之後，我們的願景實現了。我們想過要種植柿樹，但是發現那不切實際，所以便改種了梅樹。我們天眞地想著，如果種的梅樹夠多，就可以有足夠的收入來自給自足。然而我們並非園藝專家，所以種得不太好。我們享受梅花盛開，要比享受梅子收成來得多。「梅村」這個名字很美，所以我們便把名字從「柿村」改爲「梅村」了。

裝訂書本

在梅村的頭些年裡，我眞的很享受裝訂書本這件事。方法很簡單，只要用一根牙刷、一個小輪子，以及一個四磅或五磅重的防火磚，我通常一天內便能裝訂好兩本書。在裝訂之前，我會將所有的書頁收集好，並按頁次排在幾塊長條木板上。然後我會順著行線上下來回走，全部走完時，就知道我已經有一個書冊的正確頁數了。我在走的時候，知道我並沒有要到什麼地方去，所以便慢慢地走，收集起每一頁，覺知每一個動作，輕柔地呼吸，覺知每一個氣息。當我在整理書頁、爲它們上膠，及放上封面時，都是安詳自在的。

我知道自己無法如同專業裝訂者或機器一樣，一天裝訂完成很多本，但我也知道我喜歡這個工作。如果你想要有很多錢，就必須很辛勤快速地工作，但是如果你簡單

過活，你便可以溫和並全然覺知地工作。
你要如何才能享受你的工作呢？

蘋果汁與松果

有一天，四個小孩到我們在巴黎市外的「甜薯社區」來玩。其中一位是清瑞，當時還不到四歲半，另外三位是她學校裡的朋友。清瑞這幾個月來都與我們住在一起，這期間她的父親正在巴黎找工作。這四個小孩跑到屋後的小山上去玩，已經去了大約一小時了。當他們回來要飲料喝時，我拿出最後一瓶自製的蘋果汁，給他們每人滿滿一杯，清瑞是最後一個。而由於她的果汁是瓶底的，因此有些果泥在裡面。當她注意到這些東西時，她嘟起嘴並拒絕喝它。然後四個小孩又回去山邊玩了，清瑞沒有喝任何東西。

半個小時之後，我聽見她的叫聲，當時我正在我房間內打坐。清瑞想要一杯冷開水，但是即便踮起腳尖，她也搆不到水龍頭。我提醒她桌子上的果汁，並要求她先喝果汁。她轉過身去看果汁，發現果泥已經沉澱下去，果汁現在看起來清澈可口。喝了一半之後，她放下杯子並問：「和尚叔叔，這是另外一杯果汁嗎？」「和尚叔叔」是越南小孩對較年長僧侶常用的暱稱。

我回答她：「不是。那是之前的那一杯。它靜放了一陣子，現在它是清澈可口的。」清瑞又看了一次杯子。「眞的好喝。和尚叔叔，它剛才和你一樣在打坐嗎？」我笑了，拍拍她的頭。「我們該說，我打坐時是在模仿蘋果汁，那比較如實。」

清瑞毫不懷疑地認爲，蘋果汁就像和尚叔叔一樣，靜坐一陣子來使自己清明。我認爲雖然清瑞還不到四歲半，但無需解釋便已經了解靜坐的意義了。蘋果汁在靜止一陣子之後，就變得清澈了。

同樣的道理，如果我們在打坐中靜止一陣子，也會變得清澈。這個清明讓我們重新振作，並給予我們力量及安寧。當我們覺得神清氣爽時，我們的周遭也變得煥然一新。

那個晚上，在孩子們都上床睡覺之後，有位客人來了。我把最後的一些蘋果汁倒滿在杯子裡，並把它放在禪修室中間的桌子上。我邀請我的朋友很安靜地打坐，就如同蘋果汁一樣。

另一次是在一個學校放假日，清瑞與我一起散步並撿拾松果。她告訴我土地生產松果，好讓我們能夠用來生火，才能在冬天取暖。我告訴她，松果是要生產小松樹苗的，不是用來生火的。聽了我的說明，她不但沒有失望，眼睛甚至更亮了。

寫作的快樂

在梅村的頭幾年，我通常住在上村僧侶居住區的一個房間內。那個房間是在一棟石造建物的一樓，位於當時的書店上面。

那時候我也正在寫《故道白雲》（*Old Path White Clouds*）這本書。當時我們還沒有暖氣系統。在書店上面的這個小房間裡，只有一個燒柴的火爐，而氣候十分嚴寒。我用右手寫作，並把左手放在爐子上面。我寫作得非常快樂。偶爾我會站起身來，爲自己泡一杯茶。在我每天寫作的那幾個小時裡，就像與佛陀共坐喝茶一樣。我知道讀者閱讀那本書時會很快樂，因爲我在寫它時，就是那麼快樂了。

寫作《故道白雲》並非困難的工作，反而是件極度喜悅的樂事，也是一段探索的時光。其中一個困難的章節是，關於佛陀初次教導迦葉三兄弟，而後他們變成佛陀弟子的事。有些文獻說，佛陀必須展現神通來使他們信服，但是我想要顯示，佛陀是用他的大悲心及智慧辦到的。佛陀的智慧及慈悲是無可限量的，所以他何必使用神通力呢？我有很強的信心，我將能夠以那樣的見解來寫那一章。對我來說，那是最難寫的一章。

第二難寫的一章就是，當佛陀覺悟後回去看望家人。雖然當時他已經是位覺悟者，但是他依然是他父母的兒子，也是他同胞手足的兄弟。我希望能夠保有他人類性質的方式來寫。他見到父親時執起父親手的方式，他對待他的妹妹、他從前的妻子耶輸陀羅、他兒子羅睺羅的方式，全都是非常自然的。

我只能用我那樣的方式寫作，因爲我感覺祖師們在支持我。寫作《故道白雲》的目的，是幫助讀者們發現佛陀是一個人。我嘗試掃除掉人們通常加在佛陀身上的神祕光輝。如果我們無法將佛陀視爲人，就會難以對佛陀感到親近，也難以了解佛陀。

蓮花茶

在早年的越南，人們常會搭一艘小船到蓮花池裡，把一些茶葉放到盛開的蓮花當中。蓮花在晚間會闔起來，並將茶葉薰香。然後在清晨的安詳中，當露珠仍然在大蓮葉上閃耀時，他們便會與朋友們一同搭著小船回來收集茶葉。為了沖泡芳香可口的蓮花茶，他們會在船上帶著齊全的道具：清水、燒水的爐子、茶杯，以及茶壺。然後，他們在美麗的清晨曙光中，就當場泡起茶來，在蓮花池中享受晨光及茗茶。如今，我們或許會有個蓮花池，但是卻似乎沒有時間駐足及觀賞，更別說以那種泡茶品茗的方式欣賞它了。

我們在梅村經常會有茶禪修行。這些茶禪是當年的餘韻拾遺，我們那時經常花上兩三個小時，只為喝一杯茶。我們花時間在事前充分準備，只為了能享受一個清淨及美麗的氛圍。

我們將坐墊排成一個圓圈，並在中間準備好一瓶美麗的花以及一些蠟燭。然後我們聚在一起大約一個半小時，享受一杯茶、一塊餅乾，以及他人的陪伴。我們沒有事要做，也沒有地方要去。在寧靜、親密，及非正式的氣氛裡，我們分享詩、歌，以及故事。通常喝一杯茶只要幾分鐘，但是像這樣花時間爲彼此眞正活在當下，我們滋長了相互的了解與快樂。

兄妹

曾經有個男孩，每個夏天都會與他妹妹一起來梅村。而每一次他跌倒或弄傷自己時，他的父親並不會去幫他忙，反而對他大吼大叫。這男孩發誓，長大以後絕對不要像他爸爸一樣。他發誓，如果他將來有小孩，若有哪個小孩跌倒或傷了自己，他絕不會對他們吼叫，而是會幫助他們。那是他下的堅定決心。

然後有一年夏天，他們又來到梅村。這男孩的妹妹與另一個女孩在吊床上玩，而吊床斷掉了，她跌了下來，而且膝蓋流血了。這男孩發現自己勃然大怒，並且只想要大吼：「都是你自己的錯！你怎麼會這麼笨？」

但是由於他一直都在修行，練習只是注意自己的感覺，而非展現出行爲，所以他避免了吼叫。當他行禪時，他認出他所感覺到的憤怒能量，已經從他父親轉到他身上了。如果他沒有練習正念呼吸及平靜安詳地靜坐，他就會變得與他父親一樣。這在梵文就稱爲「輪迴」，負面及破壞性行爲的慣性延續。這男孩突然有種急切感，想要回家並邀請他父親與他一起練習坐禪。當他生起這樣的善意時，他對他父親所有的憤怒及憎恨都消融化解了。

這男孩當時只有十二歲。對任何年齡的人來說，尤其是只有十二歲而已，能夠有這種洞見並因而轉化了痛苦煩惱，眞是個了不起的成就。如果他都能夠做得到，我們當然也可以。

菩提樹

我們在梅村有一棵很美麗的菩提樹，每個夏天都爲成百上千的訪客提供蔭涼及喜樂。有一次在一場狂風暴雨中，它的許多枝幹都斷裂了，樹也幾乎死掉。當我在風暴過後看見這菩提樹時，眞忍不住要哭了。我感覺需要觸摸它的樹幹，但那樣會傷害它，因爲我可以感覺到這樹正在受苦。所以我下定決心，要找到方法幫助它。幸運地，我有個朋友是樹醫生。他花了許多心力照料這棵菩提樹，它現在甚至比以前還要強壯美麗。我們的家如果少了這棵樹，就都不一樣了。任何時候只要我能夠，我都會撫摸它的樹皮並深刻地感覺它。

樹木就如同我們的兄弟姊妹一樣。我們需要照顧它們，並且恭敬對待它們。對它們要忠誠，就如同對待你最親近的朋友與家人一樣。

學習擁抱

我第一次學習擁抱，是一九六六年在亞特蘭大。有一位女詩人載我到機場，然後在道別之前問我：「可以擁抱佛教僧侶嗎？」在我們國家，我們並不習慣在大庭廣眾之下這樣表達自己，但是我想：「我是一位禪師，我擁抱她應該沒有問題。」所以我說：「有何不可？」於是她擁抱了我，但是我渾身僵硬。當我在飛機上時，便下了決心，如果我想要與西方朋友們共事，我就必須學習西方的文化。因此，我發明了「擁抱禪修」。

「擁抱禪修」是東方與西方的結合。就像茶包一樣。茶葉來自亞洲，在亞洲我們採集茶葉並且小心翼翼地沖泡。而當茶葉來到西方時，人們將它做成茶包，既快速方便又實用。

按修行來說，你必須眞正地擁抱你在擁抱的人。你必須讓這個人非常實在地在你的臂彎裡。你不是只做表面功夫，拍拍這個人的背兩三下，假裝你在那裡。而是要眞正地，完完全全地在那裡。擁抱時有意識地呼吸，並且用你全部的心意、身體及心靈去擁抱。「吸氣，我知道我親愛的人正在我懷裡，活生生的。呼氣，他對我來說如此珍貴。」當你擁抱他並且呼吸三次，在你懷裡的這個人變得如此眞實，而你也同時變得眞實了。當你愛著某個人時，你希望他快樂。如果他不快樂，你也沒辦法快樂。快樂並非只是個人的事。眞愛需要深刻的了解。事實上，愛就是了解的另一個名字。如果你不了解，你無法恰當地愛。缺乏了解，你的愛將會使另一個人受苦。

釘子

我記得，有一天我與一群小孩到超市去。我們當時正在做一張桌子，並決定出去買一些釘子。在去超市之前，我告訴他們：「這是一節禪修課。」孩子們很高興可以出門進行這趟特別任務。我們一致同意，除了所需的釘子之外，不買任何其他東西。

我領著孩子們在超市的每一條通道裡，緩慢而正念地行走，慢慢地探看店裡的所有物品。我們並不打算買更多東西，而是要深刻地觀看。我們時不時地會停下來，而我會指著架子上的物品說明它的內容、生產的過程中牽涉到什麼，以及購買它們會有什麼影響。

我們可以利用這樣的機會，對我們的孩子們說明，他們爲什麼不該購買某些物品，好讓他們學習如何照顧自己、照顧彼此，以及照顧地球。超市裡有些物品是由童工製造，那些小孩沒有機會去上學。有些物品的製造非常具有毒性及破壞性。我們必須學習如何消費，才能在心中保有慈悲。練習正念消費，我們能夠療癒自己、療癒我們的社會，並且療癒地球。

那一天，我與孩子們在超市裡待了一個半小時。而我們買的全部東西，只是一小把的釘子。

橘子禪

許多年以前，我遇見一位名為吉姆的美國年輕人，他要求我教導他正念禪修。有一次當我們兩人聚會時，我給了他一顆橘子。吉姆接下了橘子，但是他繼續談論他參與的許多專案——關於和平、社會正義等等的工作。他正在吃，但是同時他也在思考及談論。當他撥開橘子並將橘子片塞入口中，快速地咀嚼及吞嚥時，我就在那裡。

最後我終於告訴他：「吉姆，停下來！」他看著我，而我說：「吃你的橘子。」他懂了。所以他停止了講話，並且開始更慢而且更正念地吃橘子。他小心地撥開剩下的每一片橘子，嗅聞它的美好芳香，一次一片地放進口中，並且感受口舌之間的橘子汁。以這種方式品嚐橘子，要花好幾分鐘，但是他知道沒有匆忙的理由，他有足夠的時間來享受吃橘子。以這種方式來吃，他知道橘子變得真實，吃橘子的人也變得真實，而生命也在當下變得眞實了。吃橘子的目的是什麼呢？就只是爲了吃橘子。在你吃橘子的時候，吃橘子就是你生命中最重要的事。

下一次你在公司或學校裡，並且有時間吃橘子或什麼點心時，請把它放在手心裡，用能使橘子眞實的方式看它。你並不需要花很長時間來做這件事，只要兩三秒就可以了。看著它，你能看見一棵美麗的樹、一場花開、陽光、雨露，你可以看見一顆小果實的形成。你可以看見陽光和雨露的延續，以及一顆小果實如何轉化成你手中熟透的橘子。你可以看見顏色由青綠轉變成橘黃，你也可以看見橘子成熟轉甜。

以這種方式看著橘子，你會看見宇宙中的一切都在其中——陽光、雨露、雲朵、樹木、葉片、一切。撥開橘子，嗅聞它、品嚐它，你可以非常快樂。

耙落葉

秋天時，我喜歡在我梅村的精舍耙落葉。我大約每三天做一次，用一個耙子。我知道，耙落葉有部分原因是爲了清出一條走道，讓我可以行禪，而如果我可以的話，還能跑步禪修。在我健康的時候，我喜歡至少兩天慢跑一次。我修行正念慢跑及正念耙落葉。

但是，耙落葉並非只是爲了清出一條走道，用來慢跑或行走而已。耙落葉就只是爲了享受耙落葉。所以我在耙落葉的整段時間裡，都用讓自己快樂、安詳、實在的方式拿耙子。我想要確定，每一個動作都是覺悟的行動、喜悅的行動、安詳的行動。所以我絲毫不著急，因爲我看到耙落葉這個行爲，與擁有一條乾淨走道，至少是一樣美好的。少一點點我都不會滿意。我耙的每一下都應該帶給我喜悅、實在，以及自由。

當我在耙落葉時，我應該完全是我自己，完全在當下。於是，耙落葉就不再只是一個手段，爲了達到「有一條乾淨走道」這個目的的手段而已。耙落葉本身就是生命本身。

要獲得耙落葉修行的成果，並不須太久。如果你能在耙的每一下，都完全投注在耙落葉的行爲中，那你立刻就獲得回報了。你耙的每一下都是藝術之作。

呼吸與除草

你曾經用長柄大鐮刀除草嗎？許多年以前，我買了一把長柄大鐮刀，並試著用它來除我精舍周邊的草。我花了一個禮拜，才找到使用它的最佳方式。你站立的方式、手握大鐮刀的方式，以及刀片與草接觸的角度都很重要。我發現，如果我讓手臂的動作與呼吸的節奏協調一致，並且對動作保持著覺知而不慌不忙地工作，我便能長時間地連續工作。否則，我在十分鐘之內就累了。

有一天，一位在義大利郊區長大的法國人來拜訪我的鄰居。我請他教我如何使用鐮刀。他比我要熟練內行得多，但是他採用的位置及動作大體上與我一樣。令我驚訝的是，他也將動作與呼吸協調一致。在那之後，只要我看見鄰居用鐮刀在除草，我就知道他正在修行正念。

現在，無論使用的是撿子、鏟子，或耙子等任何工具，我都將呼吸與動作協調一致。在移動大石頭或推動滿載的手推車等費力的工作時，要完全覺知呼吸是困難的。但是大多數的花園工作——翻土、挖溝、播種、施肥、澆水，都可以用正念及放鬆的方式來完成。

在過去幾年間，我都試著避免讓自己筋疲力盡或喘不過氣來。我認爲，最好避免不善待自己的身體。我必須照顧它，並以恭敬心對待它，就像樂師對待他的樂器一樣。將「非暴力」應用在自己的身體上，不僅是一種練習正念的方法，它本身就是一種修行。你的身體不僅是寺廟道場，它也是智者。

數學老師

有一位來自加拿大的數學老師，來梅村參加禪修營已經好幾次了。雖然他是一位很棒的數學老師，但是多年以來，他在課堂上都不好過，因爲他很容易就發脾氣。當他不高興時就會對學生大吼，或者學生惹他生氣時，他甚至會用粉筆丟他們。有時候他在暴怒或被激怒時，就會在學生的作業上批示，「你怎麼會這麼愚蠢？」這樣的評語。

在他開始修行正念一段時間之後，他戲劇性地轉變了。他用慢步行禪的方式走進教室。他走到黑板前，並用非常溫柔的方式將黑板擦乾淨。他的學生很驚訝地問他：「老師，怎麼回事？你生病了嗎？」他微笑地回答：「沒有，我沒生病，我只是試著正念分明地做事。」

由於他們沒有鐘或鈴，他便提議由一位學生每十五分鐘就拍手，讓全班同學都停下來，練習呼吸、放鬆，及微笑。他的學生享受與他一起修行，也愈來愈愛戴他。他不再在作業上批「你怎麼這麼愚蠢？」的評語了，他現在寫「你還不理解，這是我的過錯。」他現在是一位有正念的老師，也是一位教導正念的老師了。

他的課堂變成全校最受歡迎與最有意思的課堂。很快地，校內的每一堂課都採用了他的辦法。當他到了退休年齡時，由於太受到欣賞與感激，他被要求再多教幾年。

慢慢地，以正念的行為，我們能夠轉化我們自己、我們的家庭、我們的學校、我們的工作場所、我們的鄰居社區、市政廳、國會政府，以及全球社會。

如果你是學校老師、父母、記者、諮商師，或作家，運用你的才能來推廣這種改變。我們應該集體練習禪修，因為深入觀察我們的處境，已經不再是個人的事了。我們必須結合我們個人的內觀洞見，來創造集體的智慧。

花園裡的棕櫚樹

有一次我與一群學生訪問中國，有一位禪師引領我們參觀他的寺廟花園。他指著一欉灌木並說：「今人觀花葉，猶如在夢中。」我每一次散步，尤其如果是在樹林裡散步時，我就練習用植物與樹木是眞實而非幻夢的方式來接觸它們。而且我成功了！有一晚我做了一個夢，夢中我正在棕櫚樹林中行禪，而那些棕櫚嫩葉是如此地清新、柔嫩，並且青翠。植物及樹木都如此眞實。在夢中，我保持正念地伸出手去碰觸青嫩的棕櫚樹葉，欣賞它們精緻的美。如果你正念修得夠好，那麼即使在夢中，你也能夠正念地接觸到生命的美妙。當我醒來後，我告訴自己，一回到法國，就要在我的花園裡種下一棵棕櫚樹。

我回到家之後，去了一個苗圃並找到一株非常美麗的棕櫚樹苗，我邀請她來到我的花園，以它爲家。我們可以說，這棵棕櫚樹不僅是來自苗圃，也是來自我的夢。我將樹種在我從窗子可以看見的地方，當春天來臨時，它開出了美麗的花朵。每當我從寫作或編輯中休息一下時，我就看向窗外觀賞它。它也是我僧團的一分子，提醒我要快樂，要享受日常生活的每一刻。

每一個村落、鄰里、或社區都應該有個小公園，一個美麗、平靜、安寧的地方，讓每一個家庭都能來此與其他家庭共坐，彼此分享安詳與寧靜。在那公園裡，你可以種植你喜歡觀賞及照顧的樹木，就像我欣賞並照顧我的小棕櫚樹一樣。你與鄰里中的其他人一起，可以把公園照顧得很好，並與樹木作朋友。你可以建置一條美麗的行禪小徑，以及人們可以一起坐下來的地方，只是坐而不需要談話或做任何事。如果你知道如何靜坐，你就會有足夠的快樂了。

別錯過了你必須坐下來的機會，只是坐而不需要擔憂或思考要做任何事。放下你的負擔、你的憂慮，以及你的工作。只是坐著，並感覺到你正活著。與你的兒子、女兒、伴侶、朋友一起坐。那樣就夠快樂的了。

我戀愛了

冬天的每個早晨，我一醒來便穿上保暖的衣服，並出門在上村附近散步。通常外面都還是暗的，而我緩步輕行，接觸到四周的大自然，天空、月亮，以及星星。有一次在散步之後，我回到精舍裡並寫下這一句話：「我與地球母親戀愛了。」身爲一個墜入愛河中的年輕人，我非常地興奮。我的心興奮地跳動著。眞的！只要我一想起到外面散步，在地球上散步並享受大自然，她的美麗及奧妙，我的心就已經滿懷喜悅。地球給予我這麼多。我是如此地愛她。這是種美妙的愛——沒有背叛。我們將心交託給地球，而她也將她自己整個交託給我們。

「地球母親」是眞實的。她是一個活生生的現實，你可以碰觸、品嘗、嗅聞、聆聽，及觀看。她給予了我們生命。而當我們死亡時，我們會回到她的懷抱，而她會一次又一次地將我們誕生。

有一些人喪失了希望，厭倦了地球上的生活，並祈禱可以誕生在其他地方，一個沒有痛苦的天堂裡。然而他們甚至無法確定，這種地方是否眞實存在。天文學家們已經可以用超級望遠鏡看到許多遙遠的星河，但是他們尚未發現，有任何比地球更美麗的地方。當地球母親如此美麗，並且總是準備好要擁抱你，歡迎你回家時，你還會想要去什麼別的地方呢？

我已經學到，我的家、我的國，就是這整個地球。我並不將我的愛，侷限在亞洲的一小塊土地——越南上。歸功於這種洞見，我體驗到了許多轉化及療癒。如果你的愛仍然太過狹小，你就必須擴展你的心胸。你的愛必須要擁抱整個地球。

只有當我們與我們的星球墜入愛河時，眞正的改變才會發生。只有愛能夠顯示，如何與自然及彼此和諧共生，並從氣候變遷的痛苦及災難後果中拯救我們。當我們體認到地球的功德及才能時，我們便感覺到與她的連結，而愛就誕生了。我們想要被連結。那就是愛的意義：合而爲一。當你愛某人時，你想要如同照顧自己一樣地照顧他們。當我們像這樣地愛地球時，那是一種互惠之愛。我們會爲了地球好而全力以赴，而地球也會爲了我們的幸福而全力以赴。

老樹開新花

就生理上來說，我是一天比一天更老。但是就某方面來說，我卻是一天比一天更年輕。這很奇怪。我每天早上醒來，都有新的洞見，就像是一棵老樹開出新的花朵一樣，而且我的愛持續增長。

在越南有一種梅樹，開的是黃色的花，可以持續開很久。有時候它的枝幹變得扭曲。在農曆新年時，它開出許多可愛的花朵，不僅開在小枝枒上，甚至也開在樹幹底部。我覺得自己就像是那棵樹。我在早晨醒過來，從內在深處湧出新的洞見。它毫不費力地自然出現。我完全不需要努力修練。那就像是，你播下一棵種子然後澆水，於是它就生長茁壯一樣。

如果你在四月時來我法國的家，你不會看見任何向日葵。然而農夫們已經播下向

日葵的種子了。他們已經在土壤裡施肥，一切都準備好了。

到了六月初時，花莖就會長到一或二呎高了，而就在一個月之內，向日葵就會開得遍地都是。我們的修行是耕耘心田，播下良善的種子，知道當時候到了，它們就會成熟並綻放花朵。如果我們觀看得夠深入，我們在四月時就已經能夠看見向日葵了。

躲迷藏

禪宗祖師玄光（Huyen Quang）喜愛菊花。他是十三、十四世紀越南竹林禪派的第三位祖師。他住在越南北部的冠山寺，他在寺廟四周種滿了菊花。

當我們喜愛某件東西時，我們執著於它的形貌，但是也知道它將會改變並且死亡，而這令我們受苦。一朵花顯現，它長出花苞、綻放花朵；它持續了幾週，然後開始改變，花瓣逐漸枯萎凋謝。在某個時間點上，整朵花凋落而死亡了。當我們喜愛菊花時，我們必須站在生、住、異、滅之外，來看待菊花。當它顯現時，我們微笑並欣賞它。但是當它不見了時，我們也不哭泣或覺得悲傷。我們會說：「我明年會再見到你。」

在我法國的精舍裡，有一欉日本種的灌木，日本海棠。這灌木欉通常在春天開花，但是有一年冬天的氣候頗暖和，這使得花苞提早出現了。但是在某個夜晚，有一道冷氣團夾帶冰霜降臨。第二天早上，我在行禪時注意到，灌木欉上所有的花苞都凍死了。當我注意到時，便想：「這個新年，我們裝飾佛龕的花將會不夠了。」

幾個星期之後，氣候再度回暖了。當我在花園行禪時，看見新一代的海棠花苞出現了。我問海棠花：「你們與在冰霜中死亡的花是相同的嗎？或者你們是不同的花呢？」花朵們回答：「我們不相同，但也並非不同。當因緣條件俱足時，我們就顯現，而當因緣條件不俱足時，我們就隱而不見。就是這麼簡單。」

這就是佛陀的教導。當因緣條件俱足時，事物就顯現出來。當因緣條件不再俱足時，事物便退隱。它們等待再度顯現的恰當時機。

我的母親在生我之前，懷有另一個嬰兒，但是她流產了，那個小孩便沒有出生。我年輕時經常問一個問題：那是我的哥哥或者是我呢？是誰在那個時候嘗試要出現呢？如果一個嬰兒消逝了，那意思就是讓他出現的因緣條件還不俱足，而小孩決定要退隱，以等待一個更好的狀況。「我最好退隱，親愛的，我很快就會再回來的。」我們必須尊重他或她的意願。如果你用這樣的眼光看待世間，你會少受很多苦。我母親失去的是我哥哥嗎？或者是我本來將要出場，但是我卻說：「時候還沒到。」所以我退場了。

自在於世間

彼此問候

我在許多年前曾拜訪台灣，期間有一次與朋友們走在一條泥土路上，有一位母親與年少的兒子手牽著手，從路的對面向著我們走過來。我們的目光接觸了，我雙手合掌在胸前，形成一朵蓮花向這年輕男孩問候，認可他內在的佛陀，這是佛教的傳統問候方式。他的母親仍然牽著他的手，這男孩對著我微笑，並將他的另一隻手舉到胸前，鞠躬並認可我內在的佛陀。當他們經過我們身邊之後，這男孩轉身並回頭看我們。他的眼睛張大了，我們都覺得他似乎認得我，而我也覺得我們似曾相識。我與朋友們站在那裡目送他們，直到再也看不見。

我對於這次甜蜜的相遇，突然生起了一個念頭，這是一個可愛的示現，顯示我們是如何能夠認出彼此內在的良善及安詳。我們彼此都不是陌生人。我們藉由我們的佛性連結在一起。在我們所有人內在裡，對於成爲覺悟者的渴望都是很強大的。如果我們准許它顯現出來，它會帶給我們以及許多其他人，極大的快樂。

鐘聲

當我還在越南當小沙彌時，每個鄉村寺廟都有一口大鐘，類似於歐洲教堂的鐘。每當鐘聲響起時，村民們就會停下手邊的事，暫停幾分鐘以正念於呼吸。在梅村，我在法國居住的社區裡，我們也一樣這麼做。每當我們聽見鐘聲，無論是我們自己的工作鐘聲，或是鄰近教堂的鐘聲，我們便回到自己並享受呼吸。吸氣時，我們靜默地說：「聆聽，聆聽，」而呼氣時，我們則說：「這個美妙的聲音，將我帶回我眞正的家。」

我們眞正的家，就在當下此刻。活在當下，是一個奇蹟。奇蹟並非在水面上行走。奇蹟是，在當下行走於綠色地球上，體會當下就有的安詳與美麗。安詳就在我們周遭，在世界上及大自然中，也在我們內在，在我們的身體與心靈裡。一旦我們學會接觸這個安詳，我們就能療癒並轉化。這並非信仰的事，這是修行的事。我們只需要找到方法，將我們的身心帶回到當下，好讓我們能夠接觸到我們內在及周遭新鮮、療癒，及奧妙的一切。

在梅村，我們的師兄姐們在電腦裡寫了一個正念鐘聲的程式。每十五分鐘，鐘聲便響起，而他們就停止工作或思考，回到他們的呼吸上，他們回到身體的家來。他們覺得自己就在那裡，眞正地活著。他們享受正念呼吸至少三次並且微笑後，才回去繼續工作。

在日常生活中，我們必須提醒自己回到自己的身體上，並照顧我們的身體。我們有許多人，並未善待自己的身體。我們讓自己的身體太過操勞，我們忽視了它。當我們花兩小時在電腦上時，我們可能完全忘了自己有個身體。我們的身體是寂寞的，有著緊張，有著疼痛。當你的心不與身體同在時，你並沒有眞的在那裡，沒有眞實地活著。只有當我們的心與身體同在時，我們才眞正活著。所以當我們聽見鐘聲時，它就提醒了我們，回到我們的身體，認出我們身體的存在，並且照顧我們的身體。我們享受呼吸，並將我們的心帶回到我們身體的家來，而忽然之間我們便完全在當下，此地此時。我們釋放了身體裡的緊張，並且微笑。這是一個和解的行動，愛的行動。

我們的身體是生命的奧妙，就如同我們周遭的一切，溫柔的小雨、新鮮的空氣、美麗的花朵一樣，都是生命的奧妙。我們每一個人，都是人類花園裡的一朵花。我們需要照顧我們的身體，好讓它是我們可以歸去的好地方。

幾年前，我在紐約市搭乘計程車，而我可以確定那位司機非常不快樂。他內心毫無安詳或喜悅。他無法在工作時眞正活著，並且這反映在他開車的方式上。我們許多人都是這樣。我們衝來衝去，但是並未與我們所做的事在一起，我們不自在。我們的身體在這裡，但是心在其他地方——在過去或未來，被憤怒、挫折、希望，或夢想控制著。我們並未眞正活著，我們不完全在當下，我們就像鬼魂一樣。如果我們美麗的小孩來到跟前，並給我們一個微笑，我們會在當下接受這個美妙的禮物嗎？或是我們會錯失，這個接觸生命及彼此的珍貴機會呢？那會是多麼可惜啊。

古歐洲精神

在梅村的上村，當我們在中午時分，聽見附近村莊傳來的教堂鐘聲時，我們通常正沿著森林步道練習行禪。我總是與整個僧團一起停下腳步，聆聽鐘聲迴盪於整個山谷。

鐘聲一直都是鐘聲，無論是天主教、基督教新教、正教，或佛教，它都依然是鐘聲。聆聽鐘聲是一種非常深刻、非常愉快的修行。每一次練習聆聽，都可以爲我們帶來安詳、實在，與自由。

在古老的歐洲，每當人們聽見教堂鐘聲時，都會停住並祈禱。我希望未來的世代，能夠在歐洲及美洲大陸保存下這些鐘聲，並且再一次實現，每當鐘聲響起時，每個人都停住、聆聽，並且微笑。

我第一次被教堂鐘聲深深打動，是在我拜訪布拉格古城時。那是一九九二年的春天，我們訪問了莫斯科及列寧格勒。我們在前往東歐國家之前，先在俄羅斯舉辦了幾期禪修營與數天的正念禪修，我們也在布拉格市舉辦了一期禪修營。在好幾天的辛勤工作之後，我們享受了一天假日，參觀這個偉大的城市。我與幾位朋友以及和尚尼師們，非常緩慢地散步而行。我們停在一間很精緻可愛的小教堂前，翻看著明信片，教堂位在一條狹窄而非常美麗的巷弄裡。

突然間，教堂鐘聲開始響起。我不知道為什麼，但是在那特別的一刻，鐘聲深深地觸動了我。我曾經聽過許多教堂鐘聲，在法國、瑞士，以及其他許多國家，但是我從未聽過那樣的鐘聲。在那些鐘聲裡面，我覺得我正聆聽著古歐洲的精神。我已經在歐洲住了很久，也看了很多，但是在那一刻，教堂鐘聲將我帶入與歐洲精神的深刻連結裡。

在布拉格教堂鐘聲的背景深處，我可以在我的藏識裡聽見佛教寺廟的鐘聲。那是一種文明與另一種文明的另類相遇。當你深刻地觸及一種時，你也有機會深刻地觸及另一種。所以那些擁有基督教或猶太教根基的人，應該嘗試保有你們的根基。你在自己的傳統上扎根愈深，你就愈能了解佛教。對我來說就是這樣的。我接觸基督教與猶太教愈多，我就愈加了解佛教。

任何好事，都需要時間成熟。當足夠的因緣條件聚集時，長久以來潛藏在我們內在的東西便能夠浮現。當我初次來到歐洲時，我全神貫注於工作，嘗試終結在越南的殺戮。我到處旅行、與許多人談話、舉辦記者會。我非常忙碌，以至於沒有足夠時間去眞正接觸歐洲的精神。布拉格並未在第二次世界大戰中遭到摧毀。它是個依然完好的美麗城市，或許因此使得教堂鐘聲這麼打動我。

當你在某一種精神傳統中修行時，它將能幫助你更加了解另一種傳統。它就像一棵連根的樹一樣。當它移植時，它能夠從新的土壤，新的環境中吸取養分。我們在布拉格非常安靜地站在那裡，聆聽著鐘聲。

當你聽見鐘聲時，一開始可能沒有任何感覺。你或許覺得，鐘聲與你沒有什麼關係，但是，任何鐘聲都能夠對你說話。任何鐘聲都是一個邀請。

市場之夢

有一年秋天，當時我在英國教書，長期都做相同的一個夢。我弟弟與我身在一個露天市場中，有一個人帶領我們到市場角落的一個攤子前。我們一到那裡，我立刻認出來，攤子上展售的每一件物品，都代表著我與我弟弟或其他親近人士親身經歷過的事件。而幾乎所有的物品、經驗都跟受苦有關——貧窮、火災、水災、暴風雨、飢餓、種族歧視、無明、瞋恨、恐懼、絕望、政治迫害、不公不義、戰爭、死亡，與災難。當我觸摸每一件物品時，內在便生起一種憂傷感覺，同時也升起一種悲憫之情。

在攤子的中心立著一張長桌子，上頭擺著一些小學的筆記本。我認出有一本是我的，另一本是我弟弟的。翻閱著筆記本的書頁，我認出孩提時代許多特殊而快樂的經驗，以及許多痛苦的經驗。我弟弟的筆記本記錄著，我們還是小男孩時的共同經驗。

在我做那個夢的時期，正在寫作孩提時的回憶錄，但是我並未納入那些筆記本裡的任何素材。或許那些經驗只活在我的夢中，我醒來就忘記了。或許那些是過去世的經驗。我不確定是哪個，但是很肯定那些是我的親身經歷，而且我想過將這些素材帶回家，好納入我的回憶錄裡。我對這個想法很滿意，因爲我不想再次忘記。正當我這麼想時，邀請我們去看他攤子的那個人，說了一些恐怖的話。他站在我身邊說：「你必須再次經歷這一切！」他很權威地說，好像他是個鄭重宣布判決的法官一樣，而我被定罪要受苦。他聽起來像是神，或是命運。我非常震驚。我眞的必須再次經歷這所有的苦嗎？所有那些暴風雨及水災，那些飢餓之火、種族歧視、無明、瞋恨、絕望、恐懼、憂傷、政治迫害、災難、戰爭，及死亡？我有一種感覺，我已經與我弟弟及同伴們，在過去無數生生世世裡經歷過這些事了。長久以來，我們看不到隧道盡頭的光，而現在我們終於在一個空曠而自由的地方了。我們眞的必須再度經歷那些經驗嗎？

起初我覺得有種憎恨厭惡感，想著：「喔，不！」但是在一剎那間，我的反應變了。我用右手的兩根指頭直指著那個人的臉，並且用我全部的決心及力量告訴他：「你嚇不倒我！即使我必須再度經歷這一切，我會做到！不只一次，如果必要的話，再幾千次。我們全部都會再次做到！」

在那一刻，我醒來了，起初我記不得夢裡的內容。我只知道我做了一個非常強而有力且重要的夢。所以我留在床上，並且練習有意識地呼吸，而細節便逐漸地回來了。我有種感覺，那個人代表著什麼，而他正告訴我某些我需要聽的話。起初我以爲我很快便要死了，並再度開始我的命運旅程。但是我感覺冷靜，死亡不是問題，我並不害怕。我需要做的只是告訴眞空法師，她是我過去三十年來最親近的同伴，讓她與其他人有所準備。但是很快地，我領悟到我還不必要死。那個夢必定有更深的意義。

我看了一下時鐘，清晨三點半。我想到了在越南、柬埔寨、索馬利亞、南美洲及其他地方，遭受許多痛苦的所有孩童們，並且感覺到與他們全部團結在一起的強烈之感。我覺得已經準備好，與他們一起經歷那些痛苦，一次又一次。

你們，我的兄弟姐妹們，是我的同伴。你們是眞正的菩薩，騎乘在生死的浪頭上，而不沉溺在生死裡。我們曾經歷過漫長無限的苦難，看不到盡頭的憂傷與黑暗隧道。但是我們已經修行，而且藉由修行，我們已經獲得了一些洞見及自由。現在是我們聚集在一起的時候，並且用我們的力量來承擔橫在前面的挑戰。我確定，這一次我們會做得更好。

佛陀的足跡

我在一九六八年赴巴黎，籌設參加巴黎和談的佛教代表團事宜時，途中暫停印度，希望能有機會造訪佛陀證悟的地點。我從新德里搭機到恆河北邊的波特納。我可以從波特納前往佛陀證悟之地菩提迦耶。那架飛機的航線，追隨著佛陀沿著恆河的足跡。

佛陀並未搭乘汽車、飛機，或火車旅行。他只是徒步而行。他走過許多城市，甚至一度遠行至德里。他徒步行經不只十五個國家。知道這個事實，我從飛機上俯望恆河時，可以看見他的足跡。佛陀的足跡，持續將他的堅定、自由、安詳、喜悅，與快樂帶到每一個地方。

有這十五分鐘來觀見佛陀在下方行走，並與地球上居住在此地區的人民，分享他的快樂、他的覺悟、他的安詳，與他的喜悅，是非常美好的事。我感動到熱淚盈眶，坐在飛機上俯視，就在此時此地的當下，看見佛陀的存在。向下俯看著，我誓願我會修習行禪，好將佛陀的足跡帶到世界的其他地區。我們可以在歐洲、美洲、澳洲、非洲行走，而我們可以延續佛陀，將他的安詳、喜悅、堅定，與自由，帶向世界各個地方。

我曾經到過全世界各地。我曾經與許多人分享過行禪的修法。我的許多朋友，包括出家人與在家人，都像這樣地於世界五大洲行禪。所以佛陀現在遍於各地，而不只是在恆河三角洲地區內。

那一次拜訪印度時，我有機會登上了靈鷲山。佛陀經常喜歡待在那裡，它位於頻毗撒羅王統治的摩羯陀國首都王舍城附近。

有一群朋友，包括和尚、尼師，與在家人，與我一起登上靈鷲山。其中有一位名摩訶音喜的比丘，他在那個時候還年輕，後來成為柬埔寨的大長老。我們緩慢而正念地爬著靈鷲山。當我們抵達山頂後，我們在佛陀過去常坐的地方附近全都坐了下來，我們能夠看見與佛陀所見相同的絢麗夕陽。我們坐著練習正念呼吸，並且思惟觀修夕陽之美。我們用佛陀之眼來讚嘆並享受著美麗的夕陽。

頻毗撒羅王修築了一條從山腳下直到山頂的石徑，好讓佛陀可以更容易上山下山。那條石徑依然還在。如果你去到那裡，也可以走同一條石徑，享受登山，並觀想著佛陀也曾踏足於這些同樣的石頭上。

兩分鐘的和平

我一九九七年在印度時，有機會見到了印度副總理暨國會議長納拉揚先生。我們的會談就在國會開始討論預算的第一天，安排在三位政府官員宣誓就職之前。我感謝納拉揚先生，在這麼忙碌的日子裡騰出時間與我會面。他回答道，對他來說，無論忙碌與否，會見修行人總是重要的事。我們坐在一起，討論國會議員們要如何將正念修行、深度聆聽與愛語，應用在他們的會議上。

我建議，如果能在每一次會議開始時練習正念呼吸，將會是好事。可以準備幾行文字，將它朗讀出來，好將覺知帶入每個人的心裡。例如：「親愛的同事們，投票將我們選出來的人們，希望我們能用和善、尊重的語言彼此溝通，並在分享各自的洞見之前，彼此深刻地聆聽，好讓國會能夠做出有益於國家與人民的最佳決策。」這花不到一分鐘。我建議，每當辯論進行得太熱烈，或是代表們開始互相侮辱或指責彼此時，就要有人負責敲響一個鐘，並要求所有人停止爭論，靜默一兩分鐘。在那個時刻，所有的代表們可以練習正念呼吸，好讓他們平靜下來。

當我們說：「讓我們保持靜默兩分鐘。」時，人們通常不知道，在那兩分鐘裡要做什麼。但是我們這些修行正念的人，確定知道要做什麼，我們知道該如何呼吸，該如何將注意力專注在呼吸上，以及如何放鬆身心，並準備好生起悲憫心。片刻的靜默不花什麼成本，它不需要預算。片刻的靜默能夠重建和平、理解，與洞見。任何人都可以做到。你並不需要是個佛教徒。

納拉揚先生非常專注地聆聽我說的話，並邀請我以後回來就此議題對印度國會演講。十天之後，我正在馬德拉斯帶領禪修營，有人給我看一篇新聞報導，報導說他們已經設立了一個「道德委員會」，任務在於改善國會的溝通品質。

這樣的非暴力修行，在每一個國家，任何地方都是有可能的。降低政府裡的敵意與緊張，是我們的當務之急。我們並非無計可施，我們必須盡力而爲，我們必須終止內在的戰爭。這是和平的修行，而它可以在任何一刻做到。如果我們不修行內在的和平，戰爭將會在我們內在以及周遭的世界上持續爆發。

點滴的悲憫

二〇〇一年九月十一日，當我聽聞紐約市雙子星大樓被恐怖攻擊摧毀的消息時，我正在加州。周遭到處瀰漫著巨大強烈的憤怒與恐懼。當一整個國家正經歷如此強大的憤怒及恐懼時，很容易就會做出一些毀滅性的事。在那樣的時刻，很容易就可能發動戰爭。我們必須要保持內心清明，才能知道什麼該做以及什麼不該做，以免讓情況更加惡化。

我的行程安排，三天之後要在柏克萊對四千人演講。我們是由八十位和尚尼師組成的代表團，而且我們爲了這場演講，都披上了黃色的袈裟。情緒是明顯可感受到的。那是整個國家的情緒。我們知道必須要能用集體的正念、悲憫及兄弟情誼，來平衡這集體的憤怒、恐懼及歧視。用冷靜與和平來對制恐懼，是很重要的。

我們一開始就先讓大家平靜下來，用禪修指導以及一些唱誦，來幫助所有人練習正念呼吸，以平靜身心並擁抱我們顯現出來的恐懼。我說了一段祝願療癒及和平的禱詞，以觸及我們內心深處的熱望，我們想要爲人類提供修行的芬芳花朵及最佳成果，那是清明、堅定、兄弟情誼、理解，與悲憫。我提醒大家，用瞋恨回應瞋恨，以牙還牙只會讓瞋恨成千上萬倍地增長，我們只有用悲憫心才能轉化瞋恨與憤怒。我邀請大家回到自己內在的家，練習正念呼吸與正念行禪，讓自己的強烈情緒平靜下來，並讓清明獲得優勢。只有當我們理解了，悲憫心才能生起。當點點滴滴的悲憫開始在我們的心靈匯聚形成時，我們便能開始對情況展開具體的回應。

我們的個別意識，反映出集體意識。我們每一個人現在就能夠練習平靜我們的憤怒，練習深刻地觀察，存在我們社會與世界上，那些瞋恨與暴力的根源。我們每個人都能以悲憫心練習深刻地聆聽，好讓我們能夠聽見並了解，那些我們還未曾聽見及了解的。當我們深刻地聆聽並觀察時，我們便可以開始在所有國家之間，發展手足情誼，那是所有宗教與文化傳承的精神遺產。以這種方式，整個世界上的和平與理解便會與日俱增。在我們自己內心裡發展悲憫的甘露，是對於瞋恨與暴力唯一有效的心靈回應。

印度時報

我在二〇〇八年訪問印度時，受到《印度時報》邀請，擔任一日的客座編輯。那天是甘地紀念日，報社認爲邀請一位佛教法師，擔任主題爲「和平」的特刊客座編輯，是恰當合宜的。我接受了這份邀請，並且有多位僧團師兄弟伴隨我前往。當我們在早晨剛抵達報社時，傳來了一個很糟糕的壞消息。孟買剛剛發生了一個恐怖攻擊，炸彈爆炸殺害了許多人。氣氛非常緊張，我受邀參加編輯會議，所有的編輯都參加了。我記得大家全都沉默地圍坐在一張巨大的桌子旁。

其中一位編輯抬頭看著大家，並問道：「在今天這種日子，卻接到這樣可怕的消息，我們應該怎麼辦？」這問題很難回答。我練習了正念呼吸一陣子，然後說：「親愛的朋友，我們必須要報導它。但是我們要以一種可以促進理解與慈悲的方式來報導，而非增加更多憤怒與絕望。而這取決於你們，以及你們報導這個事件的方式。」

當類似這種悲劇事件發生時，我們必須深入觀察並問自己：「是什麼驅使恐怖分子做出這種事？到底是哪些觀點與想法累積在他們心中，使得他們對自己的同胞做出這麼恐怖的事？」他們必定有許多憤怒與仇恨，還有一大堆錯謬想法。他們或許覺得受到迫害、被錯誤對待，或被誤解了。他們可能以爲，他們是以正義之名或神之名在行動。我們必須深入觀察才能了解這樣的暴力行爲，以及背後的動機。而當我們獲得某些洞見時，那麼我們的報導就會帶著我們的理解與慈悲。

有許多方式可以報導。我們從報紙、收音機、電視、或網路上獲得的新聞，含有大量的暴力、恐懼、仇恨、歧視，與絕望。我們可以說，大部分的新聞都是有毒的，它正在侵蝕我們的心靈，也侵蝕我們孩子們的心靈。身爲新聞工作者，我們需要如實地報導事件，同時也灌溉閱聽者心中的理解與慈悲種子。而作爲閱聽者，我們則需要善用我們的正念，在接收新聞時，覺知我們的想法、感覺與認知，好保護我們自己。

我們需要知道最大限度在哪裡。正念有助於我們保護心靈的寧靜，避免意識裡的負面種子受到灌溉。

我們彼此之間溝通、說話，與聆聽的方式非常重要。我們每一個人都能夠承諾，不去灌溉自己內在與人際關係裡暴力、仇恨、歧視，與絕望的種子。同等重要的是，我們也能夠承諾，去主動灌溉自己內在與人際關係裡理解、包容，與不歧視的種子。

輕鬆搭巴士

在印度的某一天，我與安排我訪問行程的朋友一起搭巴士。我朋友所屬的種姓，幾千年來備受歧視。當我正欣賞著窗外風景時，也注意到他十分緊張。我知道他在擔心，如何讓我這段時間過得愉快，所以我說：「請放輕鬆。我很享受我的訪問安排。一切都很順利。」眞的沒什麼好擔心的。他靠坐回去並微笑了，但是只過了幾個片刻，他又緊張起來了。當我看著他時，我可以看出那持續了四、五千年的拉扯掙扎，於他本人內在，也存在於他整個種姓內在。他可以放鬆一秒鐘，然後立刻又開始緊張起來。

我們都在內心及身體上，有這種拉扯掙扎的習性。我們相信，快樂只可能在未來實現。這也是爲什麼，領悟到，「在當下我已抵達，在當下安住於快樂」，這個修行非常重要的原因。我們已經抵達，不需要再更向前行，我們已經到家了，這種領悟可以帶給我們安詳與喜悅。想要快樂，我們已經擁有超出所需的因緣條件。我們只需要讓自己完全抵達當下，就能夠接觸到它們。

我的朋友坐在巴士上，但無法讓他自己安詳地住於當下。他仍在擔心要如何確保我足夠舒適，而其實我已經很舒適了。所以我建議他讓自己自在就好，但這對他來說並不容易，因爲他焦慮的習性力量已經歷史悠久。即使在巴士到站，我們也下了車之後，我朋友仍然無法放鬆自在。我印度訪問的整個行程都很順利，而且他安排每件事的方式都很棒，但恐怕他一直到今天仍然無法放鬆。這都是因爲我們受到過去歷代祖先與所處社會的影響。

停下並深入觀察的修行，就是要停止我們的習性力量，那是由傳遞給我們的負面種子所延續而來的。當我們能夠停下時，我們是爲了所有的祖先而做，並且也終結了所謂「輪迴」的惡性循環。

我們生活的方式，必須要能夠解脫我們內在的祖先與未來世代。喜悅、安詳、自由與和諧，並非個人的事。我們如果不解脫我們的祖先，我們就會生生世世受束縛，也會將我們負面的習性力量傳給我們的子孫。現在正是解脫我們自己，解脫他們的時候。那是同一件事。這是「相即」的教導。只要我們內在的祖先還在受苦，我們自己就不能安詳自在。如果我們正念地、快樂地踏出一步，在自由中接觸地球，我們就是爲了我們所有過去與未來的世代而做。他們全都與我們在同一當下抵達，而我們全都在同一時刻找到安詳與快樂。

橄欖樹

有一年我到義大利主持禪修營，注意到橄欖樹都是種成一小群一小群的。我很驚訝並詢問：「你們種橄欖樹，爲什麼是每三、四棵一群地種？」

義大利朋友們解釋，每三、四棵的一群，其實只是一棵。幾年前由於太寒冷，導致所有的橄欖樹都死了，但是在地底深處的根部，它們還活著。嚴寒冬天過後，當春天來到時，嫩芽就萌發了。在表面上，它看起來像是有三、四棵橄欖樹，但事實上它們是一棵。

如果你們是相同父母所生的手足，你們就是同一棵樹的各部分。你們有同樣的根，相同的父親母親。這三、四棵橄欖樹也有相同的根塊。它們看起來是不同的樹，但它們只是一棵。如果其中一棵歧視另一棵就很奇怪，如果它們彼此打鬥殺害，那就眞是徹底的無明了。深入地觀察，它們知道它們是兄弟姊妹，它們眞的是一體。

自由行走

我還記得二〇一〇年在義大利的羅馬中心，我們帶領了一次美好的行禪。大約有一千五百人參加，而且有十二個小孩牽著我的雙手，走在最前面。市府為我們封閉了全部道路，並且安排了八位壯碩的警察，走在我們前面。不尋常的是，他們也很自由自在地行走，以仁慈與微笑來指引交通與行人。看起來似乎這八位警察也參加了行禪，好像警察與人們合為一體了。

或許在這首都街道上，從未曾有過如此的自由。我們的每一步，都留下了自由的足跡。毫無壓力之下，市中心暫時停止了，享受著行走的愉快。在八位警察前面，有一輛警車用行禪的速度同步前進。所有在街上的行人、站立在公共廣場的路人，或是從路邊建築物向外觀看的人，都見證了我們感覺到的自由。雖然我們是一大群人，但是行禪完全不像示威遊行。沒有旗幟、沒有哨音、沒有敲鼓、沒有標誌橫幅，也沒有大呼小叫。沒有任何人問其他人任何事，完全沒有掙扎或抗拒的力量，也沒有提出任何要求。一切都在完全靜默中發生，而每一個人都在微笑。每一個人都跟著他們的呼吸，享受著他們在這個城市的步履。每一個人都可以清楚地看到，安詳與喜悅、兄弟姊妹的情誼眞實地呈現。

我們是從聖馬可廣場啓程的，我在出發前爲大家說明行禪練習的指引。在十五分鐘內，有超過一千人聚集成隊。我們全都保持靜默，沿著道路正念而安詳地行走在這個古老的城市中心，最後終於抵達納沃納廣場，在那裡練習靜坐禪修。

當我們進入廣場時，正有人在那裡吹奏薩克斯風，但是他們一看到我們就停止了。整個廣場變成了一個靜默的露天禪堂。那是一個美麗的晴天。就在義大利首都的中心，我爲全體群眾提供了禪修指引，讓大家練習深入觀察以看到他們眞正的本質、他們的祖先、他們的父母、他們的人生與無我。這對大家都是非常美好、滋養與療癒的。

我們曾在許多國家練習過行禪與坐禪，爲全世界的許多主要城市帶來和平的足跡。我們曾在巴黎、紐約、洛杉磯舉辦過和平行走。在二〇〇八年，有一千人沿著河內市著名的還劍湖岸邊行禪。二〇一二年我們一共四千人，在倫敦市的特拉法加廣場安詳地靜坐禪修。每當我們行禪時，我們便產生了一種強大的集體力量，慈悲、原諒，與和平的力量。

我到了

教室之夢

二十五年前的一個夜晚，我夢見自己是一個大學生。我那時候雖然已經超過六十歲了，但在夢中只有二十一歲。在夢中，有人宣布我被一位非常傑出的教授、大學裡最受歡迎的教授，錄取爲他那一班的學生。那是非常特殊、也是學生最難進入的一班。

我非常高興被錄取，並直接去辦公室詢問那一班會在哪裡上課。我看見許多學生魚貫進入，然後突然間我看見一位與我年紀相近，看起來就像是我的年輕人。他的臉、他衣服的顏色，他的一切看起來不折不扣就像是我。我非常驚訝。他是我嗎？或不是我嗎？他是在我之外的另一個我嗎？他正在找他的路。我非常好奇並詢問辦公室裡的小姐，那位年輕人是否也被錄取進同一班了。她說：「不，絕對不是。是你被錄取了，不是他。」

我得知那一班會在當天早上那棟建築物的最頂樓上課，我便開始向班級教室走去。在上樓的半路上，我問其他人：「這一班的主修是什麼呢？」「音樂。」他們這麼回答。我覺得奇怪，我竟然被錄取進音樂班，受教於一位最傑出的音樂教授，因爲我完全不是學音樂的學生啊。我有一點介意，但又想既然我被錄取進這一班，那就一定有個好理由，所以我也並不擔心。

當我抵達教室門口，便打開門看裡面。我假定教室裡大約只會有二十五或三十位學生，但是大出我意料之外，我看見超過一千位學生。那眞是一場盛大集會。從窗戶向外看出去，我看見了難以置信的美麗景色。我看見月亮、太陽、燦爛的星座群，以及白雪覆蓋的山頭。那眞是筆墨難以描述的美。我無法形容站在那裡，見到這難以置信景象的感覺。能夠進入這一班，眞是榮幸。

忽然有人告訴我，教授進來時我得做個報告。我完全不知所措。我對音樂一竅不通，但卻被指定做音樂的報告。更誇張的是，我是第一位報告的人。我環顧四周，直覺地在我的口袋裡翻找。我感到口袋裡有個硬硬的東西，便把它拿出來。那是個小鐘。我領悟到：「這是個樂器。我能演奏它。」因爲我已經用鐘修行非常多年了，我重拾了信心。

我準備好要說話了，但是正當有人宣布教授到了時，我卻醒了。我非常懊悔醒過來。如果這個夢再繼續兩、三分鐘，我就能夠看見這位廣受大家崇敬愛戴的教授了。

我醒來後，便試著回憶夢中的細節，並且記下摘要。似乎，那位沒被錄取的年輕人也是我。或許他是更早期的我，仍然被某種知見所困，還不夠自由到可以被大師班錄取。但是我已經成長，並將他拋在後面了。我已經獲得了某種洞見，讓我能夠解脫對知見的執著，或是任何其他仍然阻礙著那位年輕人進步的東西。

我們每一個人都有，我們堅持並認爲是眞理的知見，而且執著於那些知見。但是如果你被你的知見所困，那麼你就沒有機會進步了。我的夢是個提醒，有時候我必須將一部份的自己拋在後面，才能夠在我的道路上前進。

萵苣

當你種萵苣時，你並不會因爲它長不好就責怪萵苣。你會深入找出它長不好的原因。它或許需要肥料，或是更多的水，或少一些日照。你從來不會責怪萵苣。但是如果我們與朋友或家人之間有了問題時，我們便責怪對方。但是如果我們知道如何照顧他人，他們就會長得好，就像萵苣一樣。責怪完全沒有正面效果，嘗試用評理或爭論的手段來勸說也不會有效。那是我的經驗談。沒有責怪，沒有評理，沒有爭論，只有理解。如果你理解，而且展現出你理解，你能夠愛，那麼任何艱難處境都會改善。

在巴黎的某一天，我在演講中說到了不要責怪萵苣。演講之後，我獨自行禪，當我走到建築物轉角時，聽見一位八歲大的女孩對她媽媽說：「媽咪，要記得給我澆水。我是你的萵苣。」我非常高興她完全理解了我的重點。然後我聽見她媽媽回答：

「是的，親愛的，而且我也是你的萵苣。所以拜託你也不要忘了給我澆水。」母女倆一起修行，多麼美啊。

我們的雙手

有一天我正試著在牆上掛一幅畫。我的左手拿著一根釘子，右手則拿著一把鐵槌。我那天不太有正念，鐵槌本來該打在釘子上的，我卻打在我的手指上。當我打到手指時，我的左手受苦了。右手馬上就放下了鐵槌，並且立刻開始用溫柔與慈悲來照顧左手，就像照顧她自己一樣。她並未將它視爲責任。那是很自然的——我的右手爲我的左手做事，就像是爲她自己而做一樣。

我的右手將左手所受的苦，視爲她自己的苦。因此她盡一切所能來照顧左手。我的左手完全沒有生氣。我的左手並沒說：「你，右手，你做錯事了。把鐵槌給我。我要討回公道！」

左手並沒有這種想法。我的左手有天生本具的智慧，無分別的智慧。當我們具有這種智慧時，我們不會受苦。我的左手從來不會與我的右手打仗。兩隻手享受著和諧與理解。當一隻手受苦時，雙手都受苦；當一隻手快樂時，雙手都快樂。

看入你的手

我有一位越南朋友，是位藝術家，他已經離開家鄉將近二十年了。這期間他完全沒見過他母親。當他想念母親時，他只要看著他的手便會覺得好一些。他的母親是位傳統越南女性，只大略識得一些字，從沒讀過西方哲學或科學。然而在他離開越南時，她握著他的手告訴他：「孩子，每當你想念我時，就看著你的手。你就會立刻看到我。」到現在已經過了將近二十年，他就這麼照著做，並且已經看入他的手許多次了。他母親的存在不只是在基因上。她的精神、她的希望，還有她的生命也都在他之內。看著他的手，他能夠深入地洞見到時間無始無終的實相。他能看到，在他之前數以千計的世代與在他之後數以千計的世代，都在他之內。從不可考的史前直到現在當下，他的生命從未中斷，而且他的手仍然存在，一個無始無終的實相。

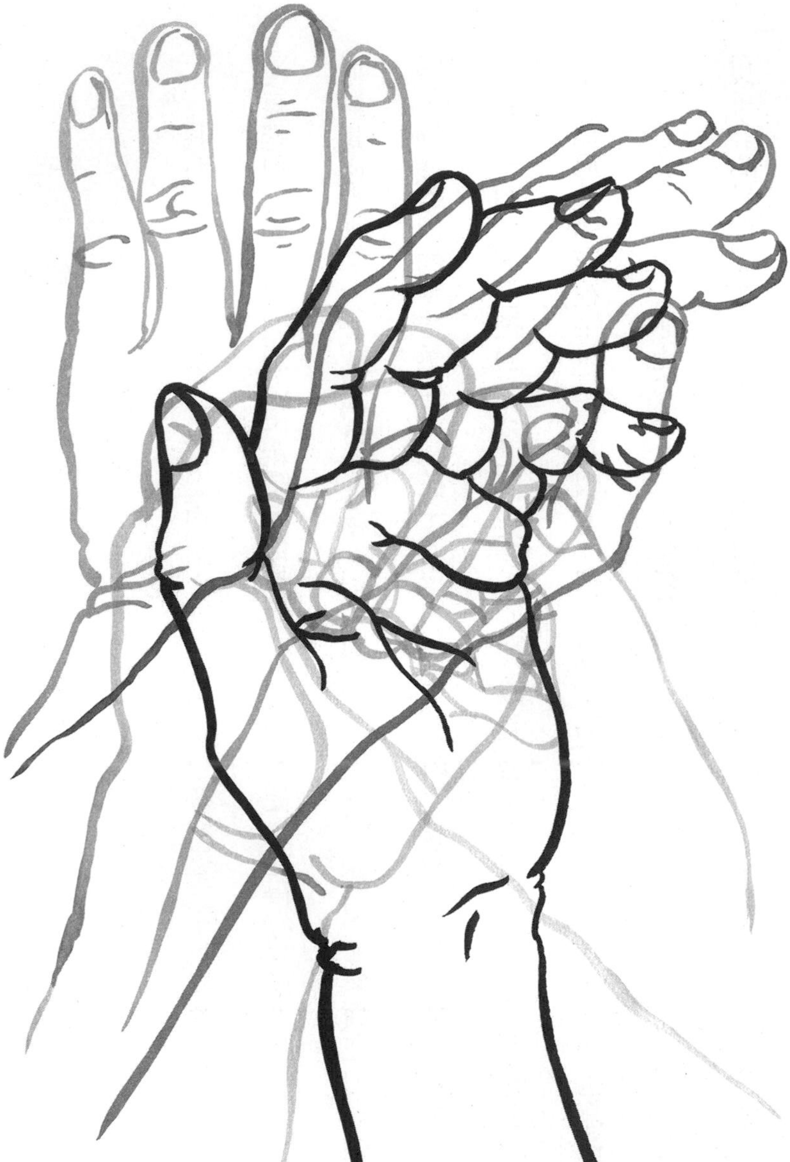

有時候在我練書法時，我邀請我的母親、我的父親，或我的老師與我一起畫圓圈。一起畫圓圈時，我觸及到無我的洞見，而它變成一種深刻的禪修練習。禪修、工作、喜悅以及人生成爲一體了。

我們能夠在我們自身的每一個細胞裡，找到我們父親、母親，以及祖先的存在。不只是禪修這麼告訴我們，科學也這麼說。我們的父母不只是在我們外在。每當我們能夠正念地呼吸並平靜身心時，我們內在的父母也同時正念呼吸並平靜他們自己。如果我們能夠產生一種喜悅與悲憫的感情，我們內在的父母也體驗到那種喜悅與悲憫。

我們的父母或許不夠幸運，沒能修行正念並轉化他們的苦。以悲憫之眼看著他們，我們便能夠與他們分享我們的喜悅、安詳，以及原諒。

給我一些香菸

近年來，監獄裡也可以有禪修書籍、雜誌，甚至正念的開示錄音。我經常會收到受刑人的信，通常是來自北美的監獄。有一位受刑人寫信給我，說道：「當我站在階梯頂端往下看時，我看見其他受刑人上上下下，而我能看見他們的痛苦，他們的焦躁。我希望他們能做到我做的，觀照著呼吸，正念地上下樓梯。當我那麼做時，我在自己內在感覺到安詳，而當我內在感覺安詳時，我可以很清楚地看見其他受刑人的痛苦。」

另一次我聽說，有位死刑犯收到了兩本我的書《當下自在》（*Being Peace*）。他自己已經閱讀過也喜歡，並且開始在他的牢房裡練習打坐。有一天他隔壁牢房的人，撞擊牆壁並且大吼，索求香菸。

雖然這位打坐的受刑人已經戒菸了，但是他還留有一些香菸。他把《當下自在》的第一頁撕下來，用它包了一些香菸，偷偷地遞給隔壁的人，希望那個人或許也會喜歡閱讀《當下自在》。他只給了一小部分他擁有的香菸，下一次隔壁再要香菸時，他就用第二頁包，然後是第三頁。

就這樣一頁一頁地，最後他終於把整本書遞交給隔壁的受刑人了。剛開始時，他的鄰居會撞擊並且吼叫又罵髒話。但是很快地，他變得安靜多了。最後他變得非常平靜。當他的鄰居被釋放的那一天，從他的牢房前經過時，他們彼此互望，並且一起背誦出書中的一句話，那是他們倆位都牢記在心的。

這很清楚，懲罰並非是犯罪的唯一解決辦法。還有很多更有效及慈悲的方式，能讓我們用來幫助那些違反法律的人。我有一次被要求，寫信鼓勵一位名叫「丹尼爾」的人，他是關在美國喬治亞州傑克森市的死刑犯。他犯罪時是十九歲，並且已經被關了十三年，那相當於他整個成年時期。隨著他的死刑執行日期愈來愈接近時，他讀了我一本書，並且發現非常受用。

我寄給丹尼爾一張簡短的信，其中一部分是：「你周遭的許多人有著很大的憤怒、仇恨及絕望，那使他們無法觸及新鮮空氣、蔚藍天空，或是芳香的玫瑰。他們也是在某一種監獄裡。但是如果你修行慈悲，如果你能夠看見周遭人們的痛苦，並且如果你每一天都嘗試做些什麼來幫助他們少受些苦，那麼你是自由的。懷有慈悲的一天，要比沒有慈悲的一百年更值得。」

在外面受苦較少的我們，能夠做一些事來幫助那些在裡面的人。死刑只不過揭露了我們的脆弱及無助。我們不知如何是好，於是便放棄了。當一個社會必須殺人時，那是一種絕望的哭嚎。正義與慈悲是可以和諧並存並且展現出來的，真正的正義必須兼具慈悲與智慧。

波浪與水

有一年冬天，我一位研究科學的朋友，經歷了巨大的精神危機。聽說了此事後，我寄給他一張畫，在平靜如絲綢般的光滑水面上起了一個波浪。我在畫下方寫道：「總是如此，波浪過著波浪的生命，並且同時也過著水的生命。當你呼吸時，你是爲我們所有人呼吸。」當我寫下這些話時，我覺得我就游在他身旁，幫助他度過那段艱難時光，並且幸運的是，它幫助了我們雙方。

大多數人視自己爲波浪，並且忘了他們也是水。他們習慣於活在生死的領域內，而忘記了不生不死的領域。就像波浪也過著水的生命一樣，我們也過著不生不死的生命。我們必須了知這點，並且觸及這個實相，亦即我們也過著不生不死的生命。「了

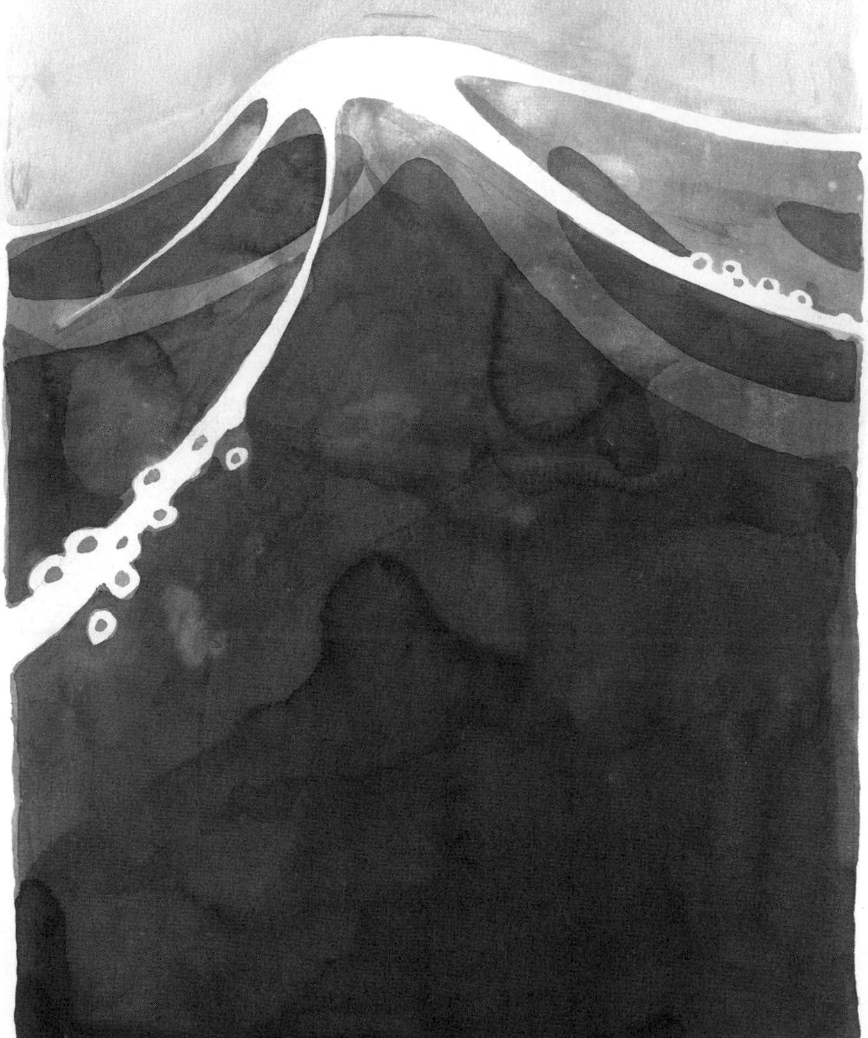

知」這個字很重要。了知就是實證。實證就是正念。禪修的一切努力，目標就在於覺醒我們自己，好了知一件事：無論如何，生死絕對無法觸及我們。

谷歌坊

我在二〇一三年帶領谷歌員工爲期一天的正念禪修，那是在谷歌位於加州的總部，被稱爲「谷歌坊」的地方。我們總共有大約三十位男女法師代表，而報名一日禪的谷歌員工則超過七百位。當天從清早開始，我們帶領了坐禪、行禪、正念飮食，以及完全放鬆，就完全如同在梅村正念的一天。

谷歌員工們既年輕、聰明，又有創造力，我們可以看得出他們全心全意地投入到修行中。專注與就在當下的力量非常強大，而他們修行得非常好。我認爲他們如此全心全意修練的原因，是因爲他們在受苦。他們渴望有一種心靈修行，可以幫助他們少受一些苦。我們知道，他們一直都非常勤奮工作。所有的公司都爭取成功，而且強烈渴望成爲「第一名」。這是爲什麼有許多年輕人，把他們的時間與精力完全投注到工作上，投注到公司上，而沒有時間照顧他們的身體、他們的感覺、他們的情緒，以及他們的人際關係。即使他們有時間，也可能不知道如何利用時間來眞正照顧自己的身體與心靈。

我與每個人分享如何修練行禪，而我們就在靜默中沿著園區，用緩慢、正念的行走爲當天拉開序幕。大約十五分鐘之後，我們靜靜地坐下來，完全沒有說一句話。當人們開始進來，大家都坐下來，並觀察他們的呼吸時，我用雙手捧著我的茶杯，享用著茶。同一時候，有許多員工比較晚上班，而每一次有人經過這個角落時，他們都很驚訝地突然駐足。他們看見這裡有事件發生：有很多人坐著卻什麼都沒做，只是呼吸著。這麼安靜！這是完全新鮮並且出乎意料之外的事。時間不再是金錢了。時間是安詳，時間是生命。

我們許多人如此忙碌，如此投入於工作，以至於沒有時間生活了。我們的工作可以完全佔據我們的人生。我們甚至可能對工作上癮，並非因爲我們需要錢，而是因爲我們不知如何對待內在的痛苦與寂寞，所以我們便逃避到工作裡尋求庇護。當我們不知如何處理我們內在的寂寞、痛苦，以及絕望時，我們便嘗試尋找一些事來掩蓋它。我們檢查郵箱收信、我們看報紙、我們聽新聞報導，我們做任何可以忘記內在孤寂與痛苦的事。我們的身體不安，我們的心靈不安，而我們不知如何是好。我們試著坐下來，但卻好像坐在燃燒的熱炭上面。我們或許去散步，但卻好像走在熊熊烈火上面。

當不安的力量顯現出來時，我們必須認清狀況並且說：「哈囉，我的不安。我知道你在那裡。我會好好關照你。」然後我們就開始練習正念呼吸，把我們的心帶回到我們的身體。當身與心在一起時，你便安住於當下（此時此地），然後你便能觸及生命，並且照顧內在的感覺。於是自然本質便揭露出它自己，以及它所有的美妙。如果我們一直如此拚命工作，我們就不會有時間生活，我們不會有時間去觸及生命的奇妙，並獲得我們所需要的滋養及療癒。我們需要這種智見，才能從我們的不安中解脫出來。在當下此刻的國度裡，我們能夠療癒自己並深刻地享受生命。

佛陀在車上嗎？

在越南以及其他佛教國家裡，人們通常會在車上、卡車或巴士裡放一尊佛像，好保護他們免於遭受意外及受傷。

有一天，我在巴士上問我的侍者：「你認為佛陀與我們同在這輛巴士上嗎？」他回答：「是的，我認爲他在。」我說：「你確定嗎？」

要辨別佛陀是否在巴士上，很容易。如果巴士上有五十人，即使只有一個人在正念呼吸，那麼我們就可以說佛陀在巴士上。如果不只一個人，而是有兩個人、三個人，或甚至五個人正念地呼吸，平靜地享受景色，那麼我們就可以確定佛陀眞的在，而不只是佛像在。

開著車，我們只需要車裡有一個人正念於呼吸，就可以知道佛陀與我們同在。當佛陀在時，這輛巴士或車子就轉變成一個禪修與覺知的地方。有佛陀在車上，每一個人都比較安全，並且受到他的正念力保護。

佛陀的存在、覺知的力量，能夠在我們人生中的每一刻都陪伴著我們。在發動汽車之前，我們可以問自己：「佛陀在車上嗎？」如果我們能夠正念地呼吸，那麼就立刻可以感覺到佛陀的存在，而當我們開車時，他的力量將會保護我們。佛陀在車上，使旅程的每一刻都變成生命有意義的一刻。我們正念於呼吸的人愈多，佛陀的存在就會愈強大。而我們經常忘記，當我們正念呼吸時，我們就有這個偉大力量：讓佛陀當下就在車上顯現。

我們去印度的朝聖之旅，共有十一輛巴士搭載我們超過三百位的修行者，而每一輛巴士上都有一尊佛像。但光是有一尊佛像，無論是便宜橡膠或珍貴寶石做的佛像，都不能保證佛陀在車上。能夠確定佛陀在車上的唯一一件事就是，至少有一個人在正念地呼吸。

我自己正在練習正念呼吸，但是我想要確定佛陀會在每一輛巴士上，而不只是我這一輛。所以我建議每一輛巴士都要有一個鐘，每隔一陣子就要敲這個鐘來提醒每個人要正念呼吸。如果每一個人都正念地呼吸，那麼我們就可以確定佛陀是在車上。

無論我們在哪裡，每一輛車都應該有一個鐘，讓我們可以敲響它來提醒自己，回到我們的正念呼吸以及當下此刻。這才是眞正可以保護我們的，不是佛陀的雕像，而是我們自己的正念。

走在鄉間道路上

我喜歡沿著鄉間道路散步，道路蜿蜒在兩邊的野草之中。我保持正念地踏出每一步，知道我正走在奇妙的地球上。在這種時刻裡，存在變成一種奇蹟且神祕的眞實。人們通常認為，在水上或稀薄空氣中行走是種奇蹟。但是我認為眞正的奇蹟，並非在水上或稀薄空氣中行走，而是在地球上行走。我們甚至不知道，我們每一天都處在奇蹟之中：蔚藍的天空、雪白的雲朵、青綠的樹葉，以及孩童們好奇的眼眸。這一切都是奇蹟。

當我們行走時，並非獨自在行走。我們的父母及祖先，都與我們一同行走。他們存在我們身體的每一個細胞裡。所以帶給我們療癒及快樂的每一步，也帶給我們的父母與祖先療癒及快樂。每一個正念的步伐，都具有轉化我們以及我們內在所有祖先的力量，包括我們身爲動物、植物，以及礦物的祖先們。我們並非只爲自己行走。當我們行走時，我們爲我們的家族及全世界而走。

一步

在中國教學之旅的某一天，我們來自梅村的代表團有機會去登五台山。我們的嚮導曾經帶過許多團體，也許數百個團體上山。但是那一天，我們建議她不要帶領我們，而是跟隨我們，因爲我們有我們自己行走的方式。

在山腳下，我給予了如何走的指示。吸氣時踏出一步，呼氣時踏出另一步。因爲會有數以千計的步伐，而我們希望享受每一步，我們的目標並非到達山頂上。我們的目標是，在每一步都觸及安詳及喜悅。我們往上登山時，必須靠著右邊走。許多團體超過了我們。他們會轉過身來瞧著我們，想要看看是什麼人用這種蝸牛速度登山。這對我們的嚮導來說，並不容易。我清楚記得這場步行。我會吸氣並踏出左腳，然後呼氣讓右腳跟上。我們能夠做到，讓每一步都是愉快而喜悅的。我們每走十步就停下來，往下觀看並享受美景，以及繼續呼吸。然後我們再繼續。當我們抵達山頂時，我們完全都不疲累。

在我們的代表團中，有一位尼師會說中文，她在巴士上聽見嚮導跟同事說：「這個和尚眞令人讚嘆。我曾經帶過幾百個團上山，總是筋疲力盡。但是今天是第一次，我神清氣爽地抵達山頂。他眞是不可思議。」在當時的中國，嚮導必須繳交遊客的活動報告。她繼續說：「我已經寫完報告了，包括他們做了什麼以及和尚說了什麼。但是我還沒交上去，因爲他說的話很有意思，我想再讀一次我的筆記。」

所以無論你是在火車站、機場，或沿著河邊行走，都要確定你踏出的每一步都帶來喜悅、輕鬆，以及快樂。每一步都可以是療癒性的，無論你是與他人同行或是獨自而行。我們不應該錯過任何一步。藉著每一步，我們走進自己的生命裡。每一步都幫助我們停止追逐——不只是身體的追逐，還有心靈的追逐。追逐已經變成一種習慣了，使我們無法在當下（此時此地）享受我們的生命。甚至當我們睡覺時，我們在夢中還繼續追逐。所以每一步都眞正抵達並停止，是一種訓練。我們必須訓練自己如何停止。

你每一次行走時，即使是短程，無論是從家裡到巴士站，或從停車場到工作場所，你都能選擇用這種方式行走，這種每一步都能帶給你喜悅、安詳、及快樂的方式。你可能會想要記住，有其他人也這樣行走，而我們會感覺到彼此相互連結。連結是很重要的。並不是因爲你有電話，所以可以感覺互相連結。我從來沒有行動電話，然而我從來不曾覺得與任何人失去連結。連結我們的是我們的正念行走，我們的正念步伐。所以，如果你想要與他人連結，你所要做的就只是，每天早上，在早餐後去上班的路上，練習正念行走。像這樣行走，走在安詳與自由之中，我們就立刻連結上了。

歸屬

在我孩提時代，家庭的規模比較大。父母、堂兄弟姊妹、叔伯、姑嫂、祖父母及小孩子們，全部都住在一起。房子四周圍繞著樹木，家家戶戶都在那裡掛上鞦韆，安排野餐。當年的人，沒有我們今天面對的問題。當父母爭吵時，小孩子總是可以跑去哪位姑姑或叔叔那裡避難。他們除了父母之外，還有其他人可以庇護他們。

由父母雙方與幾個小孩所組成的核心家庭，是比較近代的發明。在這種小家庭裡，有時候連呼吸都缺乏足夠的空氣，有著窒息感。當父母之間出現問題時，整個家庭都受到影響。屋子裡的氣氛很沉悶，而且沒有其他地方可逃。

有時候小孩子會跑進廁所並鎖上門，只是想要獨處，但這樣還是沒法逃開，因爲那沉悶的氣氛也會漫進廁所。所以小孩子在成長過程中，種下許多痛苦的種子，然後又把這些種子傳給他或她的小孩。

我們都有一種基本的需求，需要歸屬，需要感到安全、活著以及受到歡迎。我們可以把自己的家庭轉化成這種地方，可以滿足這種需求的地方。我們可以一起保持正念地練習呼吸及微笑，一起靜坐，一起喝茶。

如果我們有一口鐘，鐘也是團體的一份子，因爲鐘可以幫助我們修行，將我們喚回到自己，回到當下。如果我們有靜坐的坐墊，坐墊也是團體的一份子。

有許多東西可以幫助我們修行正念——甚至呼吸的空氣也是。如果我們住的地方靠近公園或河岸，我們可以在那裡享受正念行禪，而公園或河流也變成團體的一份子。我們需要在家裡建立團體。我們可以偶爾邀請朋友來參加。我們需要擴展我們對於家庭的定義，不僅要納入朋友與社群，也要納入太陽、天空以及周遭的樹木、鳥兒以及山丘。當我們一起這樣做時，修行正念就容易得多。

憤怒與柔和的菩薩

當你進入佛教寺廟大門時，你大概會在左手邊看見一尊非常柔和的雕像，面露微笑地歡迎著你。但是在右手邊，你則會看到一尊面貌兇猛，揮舞著武器的雕像。他整張臉都在憤怒中燃燒，從眼睛、嘴巴中冒出濃煙與烈焰。

這兩尊雕像都是菩薩——那些奉獻出整個生命來終結他人苦難的生靈。那尊憤怒者是有能力管控餓鬼的菩薩。每次我們安排法會布施飲食給餓鬼、孤魂野鬼時，我們都需要迎請這位有著怒火臉的菩薩來幫忙。餓鬼們只聽他的，因爲他的憤怒相在說：「你最好守規矩，否則有你好看！」所以當你看到有人面貌凶狠時，你不能說這人就是個壞人。他們有可能是位眞正的菩薩。他們看來或許很嚇人，但是內在深處有著菩薩之心。你可以非常堅決，但是同時也非常慈悲。

如果你是位柔和的菩薩，你的內在必須要有眞正的慈悲與智慧。如果你是那種兇猛並紅臉憤怒的菩薩，展現出堅決與力量，你也必須具有溫柔的心與深刻的智慧。

太空人

想像有位太空人上了月球。在他登陸月球之後，太空船出現故障，使他無法再飛回地球來。在休士頓的NASA任務控制中心，也無法聯絡上他。他知道自己的氧氣只能支撐一陣子，但撐不到有人來營救他。在他生命的最後時刻，你認爲他會想些什麼呢？他想要什麼呢？

在月球上面，是不可能像我們在地球上那樣正念行禪的。你能做的只有跳躍，因爲那裡的重力很小。或許那位太空人想念起地球的美麗。當我們從地球上仰望月亮時，我們或許認爲月亮很美。但是如果我們在月球上回望地球，我們會看見地球的美妙莊嚴。

我們已經在這個星球上住了這麼多年，但是我們眞正接觸到地球上生命的奇妙了

嗎？我們與某一個人爭辯，忌妒另一個人，追逐這個追逐那個，而盲然不見我們周遭的美麗。我們沒有領悟到，能夠在這美麗星球上行走，是什麼樣的奇蹟啊。

如果詢問被困在月球上的太空人，他最喜歡的是什麼，他大概會說，他最大的願望是能夠回到地球來。他不會想要一輛新車或一棟新房子。或許他想要的只是，能夠在這美麗的地球上行走。所有其他的渴望都會黯然失色，不重要了。

幸運的是，在最後一刻，搜救船抵達了，這位太空人得以回到地球。我們都好像這位被救的太空人一樣。我們有能力在我們美麗的地球上，踏著快樂、輕鬆、自由的步伐。我們需要記住，這是多麼珍貴的事。

當我們練習正念行禪時，我們就有機會與地球進入深度的連結，並領悟到地球就是我們的家。我們只需要一個呼吸，一個步伐，就能感覺回到了家，並且自在於此時此地。每一個呼吸，都能讓你把自己的身體與心靈，帶回到當下。你不再需要追逐任何事物了。地球就在這裡，你對當下感到完全滿足。什麼都不缺。

正念行禪是能夠帶來極大快樂的事。我們踏出的每一步，都滋養著我們的心臟，我們的心靈，我們的身體。我們擁有能夠快樂的條件，遠比自己所知道的更多。行禪是回到自我的方法之一。我們能在一彈指之間就回到內在。登陸月球再回來要花很長時間，但是回到你眞正的家，就只要一個呼吸。

秋葉

有一天，正當我要踩踏上一片枯葉時，我停住了。湊近一看，我發現這片葉子還沒眞正死去，它正在與潮溼的土壤融合，準備在下一個春天，以另一種形式出現在這棵樹上。我對著葉片微笑並說：「你只是在假裝。」

每一件事物都假裝被生出，假裝死去，包括那片我差點踩上的葉子在內。佛陀說：「當因緣俱足時，身體就顯現，而我們說身體存在。當因緣不俱足時，身體就無法被我們感知到，而我們就說身體不存在。」所謂死亡的那一天，就是我們以各種其他形式延續的那一天。觸及這個眞相，是深刻的修行，並且讓我們從最深的恐懼中解脫出來。

涅槃的意思是止息，一切觀點及概念的止息，包括生、死、存在、不存在、來、去的概念。涅槃是生命的究竟面，清涼、安詳、喜悅的境界。它不是在死後才獲得的境界。你現在就能觸及涅槃，透過正念地呼吸、行走以及品嘗你的茶。

尋找家園

有一次我聽說了一位日裔美國人上餐廳的故事。當他正喝著咖啡時，聽見另兩位年輕人用越南話交談，並且哭泣著。這位日裔美國人詢問他們爲何哭泣，其中一位越南人說：「我們無法回去我們的祖國。當地政府禁止我們回去。」

面露沮喪地，這位日裔美國人說：「這沒什麼好哭的。即使你們流亡在外無法回國，你們至少還有祖國，有一個你們歸屬的地方。我並沒有一個祖國可以回去。我在美國出生成長，雖然看起來是日本人，但從文化上來說，我是美國人。但是美國人並不眞的接納我，他們看我是個亞洲人，外國人。所以我回去日本並嘗試把它變成我的家。但是當我到了那裡，日本人說我的言語及行爲都不像是日本人，所以他們也不接納我。即使我有一本美國護照，即使我能去日本，但我並沒有家。而你們有。」

有許多年輕人在美國出生長大，但是他們並不覺得被其他美國人接納爲美國人。他們覺得哀傷，並回去尋找家園。他們認爲：「如果我的家不在美國，那必定是在某個其他地方。」但是他們也無法融入原本的國家。我們很少有人感覺到，我們在自己眞正的家裡。即使我們夠幸運地擁有一個國籍，一個居住身分，一本護照，我們很多人仍然在尋找自己歸屬的地方。

你有一個家嗎？你有一個眞正的家，讓你感覺舒服、安詳、自由自在的家嗎？有些美國公民已經在這個國家住了很久，通常已經好幾代了，但是仍然不覺得受歡迎。在越南有許多人，不覺得被自己的國家接納或了解，或不覺得自己在那裡有未來可言，所以想要離開。

我們之中誰有眞正的家呢？有誰在自己的國家裡覺得舒服自在呢？雖然我已經從越南流亡海外將近四十年了，但我有一個家，而且我在自己家中覺得非常舒服。儘管是流亡在外，但我並未受苦，因爲我已經找到自己眞正的家了。我眞正的家並不是在法國梅村。我眞正的家也不是在美國。我眞正的家，並不受限於某一個特定的空間或時間。

我眞正的家，無法用地方或文化來定義。從文化或國籍上來說我是越南人，這是簡單化了。我並沒有越南護照或是身分證，所以在法律上來說，我並不是越南人。在基因上也沒有一種所謂「越南」的種族。看著我，你可以看見馬來人、印尼人、蒙古人，以及非洲人的成分。事實上，越南種族，完全是由非越南的因素造成。

任何國籍都是如此。看見這點，能夠讓我們自由。整個宇宙匯聚到一起，好幫助你顯現。

生命是我們真正的家

在佛教傳統裡，靜坐時段總是由一聲鐘響來開始。這個聲音是一個柔和的提醒，提醒我們回到自己的家。

我們眞正的家是當下，此地此時正發生的任何事。我們眞正的家，是一個沒有分別的地方，沒有瞋恨的地方。我們眞正的家，是我們不再追尋任何事物的地方，不再渴求任何事物的地方，不再悔恨任何事的地方。當我們以正念力回到此地此時，我們就能在當下建立自己眞正的家。

你眞正的家，是你必須爲自己創建的。當我們知道如何與自己的身體和平共處，關照自己的身體，並且釋放身體裡的緊張壓力，那麼我們的身體會變成讓我們在當下就可以回歸的、舒服、安詳的家。當我們知道如何觀照自己的感受——當我們知道如何產生喜悅與快樂，如何處理痛苦感受時——我們就能在當下修建並恢復一個快樂的家。而當我們知道如何產生智慧與慈悲的力量時，我們的家會是一個非常放鬆、舒服的回歸之處。但是如果我們不能做到這些，我們就不會想回家。家並非是靠希望來的，而是修建來的。並沒有回家的道路，家就是道路。

解脫就在當下。我們在當下就能觸及我們所有心靈上及血緣上的祖先。我們需要學習如何回到當下一刻，並且穿透那一刻，好發現我們眞正的家。當我們可以在當下感覺到這些祖先時，我們就不再需要擔心或受苦了。當我們試著停止向外——在空間、時間、文化、領土、國籍，或種族上——尋找家園時，我們就能找到眞正的快樂。

我們眞正的家，並非一個抽象的想法。它是一個穩固的現實，是我們在每一刻，都能夠用我們的腳，我們的手，我們的心觸及到的。如果我們知道這一點，那麼沒有任何人能夠奪走我們眞正的家。即使有人佔據了我們的國家，或將我們關入監牢，我們依然擁有眞正的家，而且從來沒有任何人能夠奪走它。我對那些，覺得從來沒有過一個家的人說；我對那些，覺得離開的國家已非家園，而新國家也還不是家園的父母們說。我們每一個人都能修行找到自己眞正的家，並且也幫助我們的小孩，找到他們眞正的家。

你或許懷疑，是否你人生中最美妙的時光已然逝去。或者你可能認爲，人生中最快樂的時刻尚未到來。但是當下此刻，就是我們一直在等待的那一刻。佛陀說：「你必須將當下一刻，變成你生命中最美好的一刻。」

我不在這裡面

我在越南有一位弟子，他想在我死後爲我的骨灰建塔。他和其他人還想要有一塊匾，上面刻著：「我敬愛的老師埋骨於此。」我告訴他們，別浪費寺廟土地了。「別把我放在一個小罐子裡，還把我放在那裡面！」我說：「我不想那樣子延續。把骨灰撒在外面，幫樹木施肥助長比較好。」

我建議那樣做，而如果他們還是堅持要建一座塔，他們要在匾上說明：「我不在這裡面。」但是萬一人們不懂，他們可以加上第二塊匾：「我也不在那外面。」如果人們還是不了解，那麼你們可以在第三塊，也是最後一塊匾上說：「可以在你呼吸及行走的路上找到我。」

我的這個身體會分解，但是我的行爲將會延續我。在我日常生活中，我總是練習

在我周遭一切中看見我的延續。我們無需等待這個身體完全消融後才延續——我們在每一刻中延續著。如果你認爲我只是這個身體，那麼你並未眞正看見我。當你看著我的朋友時，你就看見我的延續。當你看見有人以正念和悲憫行走時，你知道他就是我的延續。我不明白爲什麼我們必須說：「我將會死」，因爲我已經能夠在你裡面，在其他人以及未來世代中，看見我自己。

甚至當雲不在那裡時，它也以雪或雨延續。一朵雲是不可能死亡的。它能夠變成雨或冰，但它不能變成無。雲並不需要有一個靈魂才能延續。沒有開始也沒有終結。我從來都不會死。這個身體會消融，但那並不代表我的死亡。我會延續，總是會。

關於一行禪師

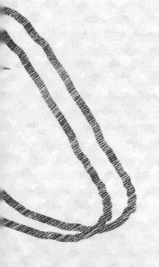

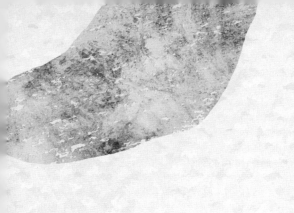

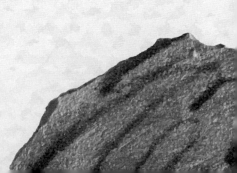

一行禪師在一九二六年法國佔領越南殖民期間，生於越南中部，俗名阮春寶（Nguyen Xuan Bao）。在年少時，他便深深受到佛像的吸引；佛像散發出的安詳平和，與周遭所見的衝突與苦難形成鮮明對比。他在十四歲時徵得父母同意後出家，進入位於順化的歸原寺，剃度成爲越南禪宗臨濟宗的沙彌。

在越南，沙彌的基本訓練就是必須練習活在當下，並且無論做什麼，都要具足充分的覺知。一行禪師與僧團師兄弟們共同生活在歸原寺的山林花園中，在睿智與經驗老到的住持指導下研讀及修行，而住持不但關愛也了解他的弟子們。

三年之後，一行禪師離開歸原寺，到順化的佛學院就讀。然後他去了西貢，那是佛教革新運動的中心，推動佛教革新以貼近人們的日常生活與當代社會的現實層面。他協助創建了萬行大學，一個更高階的佛教研修機構，而他也成爲《越南佛教》雜誌的編輯，這個雜誌爲創新的佛教思想提供發聲的管道，並鼓勵越南佛教的所有宗派匯合統一。

這本雜誌在兩年後，由於保守的佛教領袖施壓而停刊了。一行禪師繼續教學及寫作，但他的文章持續受到佛教領袖與日益壓迫及獨裁的吳廷豔政府反對。

一行禪師於一九六二年前往美國，進入普林斯頓大學研讀比較宗教學。他在一九六三年獲得哥倫比亞大學的教職。一九六三年吳廷豔政府垮台之後，佛教領袖們對於革新的態度轉趨開放，於是一行禪師縮短旅美期間，並於一九六四年返回越南以完成夢想，建立統一佛教會，將越南分屬各家的佛教會眾聚集在一起。

越南的戰事持續擴大，在城鎮及鄉村造成愈來愈多的混亂及災難。許多村落整個被摧毀，導致難民人數眾多。一行禪師在一九六四年創立了「社會服務青年學校」，訓練年輕的社會工作者，包括僧侶及家人，進入村落與人們共同生活，幫助他們重建並重整他們的村落，也幫助難民們重新定居。由於一行禪師與社會服務青年學校的社工們拒絕選邊站，只願選擇站在幫助人民的一方，因此受到共產黨與親美勢力雙方的猜疑。但是他們的愛、奉獻以及工作的道德情操，贏得了大多數人的心。但一行禪師的許多學生、朋友及同事們，於此期間遭到殺害或傷害。

隨著戰事的加劇，一行禪師決定回溯到戰爭的源頭，他旅行到華盛頓呼籲和平，並且在北美進行巡迴演說，將戰爭對越南人民帶來的毀滅性影響告知美國人民。正是在此期間，一行禪師會見了特拉比斯修道士多瑪斯．牟敦、國防部長羅伯特．麥納瑪拉、以及馬丁．路德．金恩博士，並令他們留下深刻印象。金恩博士後來並提名一行禪師為諾貝爾和平獎候選人。當越南政府聽聞這些活動之後，便拒絕一行禪師返回越南，於是他只好在西方成為流亡人士，最終落腳於法國。

對於一行禪師來說，這是一段孤獨而艱困的時光。當時很少越南人身在國外。他所熟悉的一切、他的工作，還有他的學生們都在越南家鄉。但是他逐漸認識了西方的人們、樹木、鳥兒，與水果、花卉。他無論身在何國，都與那個國家的人們（成人及兒童）成為朋友，並開始感覺到處處都是家的自在。他無論去到何處，都與人們為友，無論他們是天主教修士、新教牧師、猶太教拉比、伊斯蘭教伊瑪目，還是貿易或人道主義工作者。一行禪師繼續在北美、歐洲及亞洲進行巡迴演講，分享他的修行方法，並爲越南人民的渴望發聲。他在一九六九年巴黎和平協定上，成爲佛教和平使團的代表，並得以表達越南人民對結束戰爭的渴望。

戰爭終於在一九七五年結束了，但是越南的新政府，共產黨政府仍不同意一行禪師返回越南。統一佛教會被判違法，而許多僧侶領導人被拘捕關押。在一九七六年於新加坡的一場研討會上，他聽說了越南船民，亦即用船逃離越南的難民們的困境。他們之中有許多人死於海上。在不堪航海的船上，缺少或毫無食物飲水，他們還得在暴風雨及海盜肆虐下求生存。如果他們最終抵達岸邊，通常還是被拒絕並推回海上，因爲許多國家都不接受船民，或是僅有少數的難民限額。

一行禪師與同事們租了船，在其他歐洲朋友的協助下，爲船民送去食物與飲水，並與每個人協調，包括漁夫、警方及政府官員，嘗試爲船民們在岸上找到安頓的地方。同時他們也努力將難民們的困境傳到國際上，試圖影響世界各國政府，增加難民限額並准許船民安頓。

從新加坡回來後，一行禪師繼續住在法國，也到許多國家帶領禪修營並分享他的教導。他持續地支援在越南的社會工作，並為了獄中僧侶們的釋放而奔走。他在巴黎郊外創建了「甜薯社區」，是他常去之處，可以在森林裡散步、種植蔬菜、寫作與修行。

隨著想要來與他共住及修行的學生人數增加，而使得地方太小不敷使用，一行禪師便在一九八二年創建了梅村，位於法國西南部的一個修行中心及寺院，他目前仍然住在那裡〔本書英文版出版時〕*。現今全世界有九所修行中心及寺廟，遍布於美國、歐洲、亞洲及澳洲。他有超過六百名的僧團弟子們，在那裡分享所謂「梅村傳承」的正念修行。同時在全球還有超過一千人的在家僧團，亦即在一起共同修行的社群團體。

二〇〇四年，在將近四十年的流亡海外之後，越南政府邀請了一行禪師回到越南訪問。他在二〇〇五年到越南訪問了三個月，期間帶領男女出家僧侶及在家眾禪修營，他們大多是來自世界各地的年輕人士。他與佛教僧團領袖、政府與政黨領袖們，進行了深度的交流。他在二〇〇七年再度回國，這次他帶領了追思典禮，緬懷那些在戰爭中死去的人們，並爲生還者帶來和平、療癒與和解，好讓他們的痛苦不至於傳下去給年輕世代。他在二〇〇八年最後一次訪問越南〔本書英文版出版時〕**。

一行禪師持續孜孜不倦地奔波於全球各地，教導並帶領禪修營，一直到二〇一四年末嚴重中風才停止。在他前後六十五年的卓越教學生涯裡，一行禪師已經教導過成千上萬的人們，遍布於地球上每一大洲及社會上的各行各業。他曾爲家族、醫護人員、商務人士、退伍軍人、年輕人、心理諮商師、教師、藝術家、環境保護者、議會成員、國會議員們帶領過禪修營。這些學生及朋友們中，有許多都親暱地稱呼一行禪

*〔〕內文字為譯者所加。

**一行禪師已於二〇一八年十月，返回越南順化歸原寺定居。（https://plumvillage.org/zh-hant/一行禪師）

師爲「Thay」，亦即越南話的「師父」。在他八十歲生日時，一行禪師被問到是否退休，他說：「教導不光是口說言傳，而是透過你如何過人生來教導的。我的人生就是我的教導。我的人生就是我傳達的信息。」

相關書目

Answers from the Heart, Thich Nhat Hanh

Being Peace, Thich Nhat Hanh

Cultivating the Mind of Love, Thich Nhat Hanh

The Energy of Prayer, Thich Nhat Hanh

Healing, Sister Dang Nghiem

The Hermit and the Well, Thich Nhat Hanh

Hermitage Among the Clouds, Thich Nhat Hanh

Learning True Love, Sister Chan Khong

Love Letter to the Earth, Thich Nhat Hanh

Mindfulness As Medicine, Sister Dang Nghiem

The Mindfulness Survival Kit, Thich Nhat Hanh

My Master's Robe, Thich Nhat Hanh

No Mud No Lotus, Thich Nhat Hanh

Nothing To It, Brother Phap Hai

Present Moment, *Wonderful Moment*, Thich Nhat Hanh

Solid Ground: Buddhist Wisdom for Difficult Times, Sylvia Boorstein, Norman Fischer, Tsoknyi Riponche

World as Lover, World as Self, Joanna Macy

梅村簡介

法國 梅村
Plum Village
13 Martineau, 33580 Dieulivol, France
Tel: (33) 5 56 61 66 88
www.plumvillage.org

法國巴黎以東 療泉寺
Healing Spring Monastery
2 Rue Pascal Jardin, 77510, Verdelot, France
Tel: (33) 974 90 23 81
www.healingspringmonastery.org

香港 亞洲應用佛學院
Asian Institute of Applied Buddhism
Lotus Pond Temple, Ngong Ping, Lantau Island, Hong Kong
Tel: (852) 2985 5281
www.pvfhk.org

德國 歐洲應用佛學院
European Institute of Applied Buddhism
Schaumburgweg 3, D-51545 Waldbröl, Germany
Tel: +49 (0) 2291 907 1373
www.eiab.eu

泰國 梅村國際修習中心
Thai Plum Village International Practice Center
Pong Ta Long 30130, Pak Chong District, Nakhon Ratchasima, Thailand.
Tel: (66) 091-536-5696
www.thaiplumvillage.org

美國紐約 碧岩寺 **Blue Cliff Monastery**
3 Mindfulness Road, Pine Bush, NY 12566, USA
Tel: (1) 845-213-1785
www.bluecliffmonastery.org

美國加州 鹿苑寺 **Deer Park Monastery**
2499 Melru Lane Escondido, CA 92026, USA
Tel: (1) 760 291-1003
www.deerparkmonastery.org

美國密西西比州 木蘭寺 **Magnolia Grove Monastery**
123 Towles Road Batesville, MS, USA
Tel: (1) 662-267-6437
www.magnoliagrovemonastery.org

澳洲 預流禪修中心
Nhap Luu - Stream Entering Monastery
530 Porcupine Ridge Road, Porcupine Ridge, VIC 3461, Australia
Tel: (61) 0402 924 800
www.nhapluu.org

梅村傳承的九所寺院和正念修習中心分別位於法國、德國、美國、澳洲、泰國及香港，詳細資料見於梅村中文網站。

梅村中文網站：https://plumvillage.org/zh-hant/
梅村中文 Facebook：https://www.facebook.com/PlumVillageCH/
梅村中文開示視頻及修習引導：YouTube 法國梅村——一行禪師傳承

橡樹林文化 ❖❖ 一行禪師 ❖❖ 書目

JB0006X	初戀三摩地	一行禪師◎著	280 元
JB0011	你可以不怕死	一行禪師◎著	250 元
JB0013	正念的奇蹟	一行禪師◎著	220 元
JB0014	觀照的奇蹟	一行禪師◎著	220 元
JB0027	見佛殺佛：一行禪師的禪法心要	一行禪師◎著	220 元
JB0037X	一行禪師　活在正念的愛裡：從慈悲喜捨的練習中，學會愛自己也愛他人	一行禪師◎著	300 元
JB0042	祈禱的力量	一行禪師◎著	250 元
JB0052	一心走路：步行在佛陀的淨土中	一行禪師◎著	280 元
JB0064	生命真正的力量	一行禪師◎著	280 元
JB0069	接觸大地：與佛陀的親密對話	一行禪師◎著	220 元
JB0092	回到家，我看見真心：讓家成為修行的空間	一行禪師◎著	220 元
JB0093	愛對了：用正念滋養的親密關係，最長久	一行禪師◎著	260 元
JB0103	一行禪師講《金剛經》	一行禪師◎著	320 元
JB0104	一行禪師談生命真正的快樂：金錢與權力能帶給你什麼？	一行禪師◎著	300 元
JB0105	一行禪師談正念工作的奇蹟：在工作裡找到成功＋快樂的模式	一行禪師◎著	280 元
JB0116	一行禪師講《阿彌陀經》	一行禪師◎著	260 元
JB0116S	一行禪師講金剛經 & 阿彌陀經（套書）	一行禪師◎著	580 元
JB0122	正念的奇蹟（電影封面紀念版）	一行禪師◎著	250 元
JB0123	一行禪師　心如一畝田：唯識 50 頌	一行禪師◎著	360 元
JB0124	一行禪師　你可以不生氣：佛陀的最佳情緒處方	一行禪師◎著	250 元
JB0149	一行禪師講《心經》	一行禪師◎著	320 元
JB0149S	一行禪師講金剛經 & 阿彌陀經 & 心經（套書）	一行禪師◎著	880 元
JP0146X	一行禪師　與孩子一起做的正念練習：灌溉生命的智慧種子（隨書附贈練習音樂 CD）	一行禪師 梅村社群◎著	470 元

善知識系列　JB0151

我眞正的家，就在當下——一行禪師的生命故事與教導

At Home in the world: Stories and Essential Teachings from a Monk's Life

作　　者／一行禪師 Thich Nhat Hanh
譯　　者／一葉
責 任 編 輯／陳芊卉
封 面 攝 影／ Karen Hagen Liste
內　　文／歐陽碧智
封　　面／兩棵酸梅
業　　務／顏宏紋
印　　刷／韋懋實業有限公司

發　行　人／何飛鵬
事業群總經理／謝至平
總　編　輯／張嘉芳
出　　版／橡樹林文化
城邦文化事業股份有限公司
115 台北市南港區昆陽街 16 號 4 樓
電話：(02)2500-0888ext2738　傳眞：(02)2500-1951
發　　行／英屬蓋曼群島商家庭傳媒股份有限公司城邦分公司
115 台北市南港區昆陽街 16 號 8 樓
客服服務專線：(02)25007718；25001991
24 小時傳眞專線：(02)25001990；25001991
服務時間：週一至週五上午 09:30 ～ 12:00；下午 13:30 ～ 17:00
劃撥帳號：19863813　戶名：書虫股份有限公司
讀者服務信箱：service@readingclub.com.tw
香港發行所／城邦（香港）出版集團有限公司
香港九龍土瓜灣土瓜灣道 86 號順聯工業大廈 6 樓 A 室
電話：(852)25086231　傳眞：(852)25789337
Email: hkcite@biznetvigator.com
馬新發行所／城邦（馬新）出版集團【Cité (M) Sdn.Bhd. (458372 U)】
41, Jalan Radin Anum, Bandar Baru Sri Petaling,
57000 Kuala Lumpur, Malaysia.
電話：(603) 90563833　傳眞：(603) 90576622
Email：services@cite.my

初版一刷／ 2021 年 11 月
初版四刷／ 2024 年 07 月
ISBN ／ 978-626-95219-3-7
ISBN ／ 978-626-95219-4-4（EPUB）
定價／ 360 元
城邦讀書花園
www.cite.com.tw

國家圖書館出版品預行編目（CIP）資料

我真正的家，就在當下：一行禪師的生命故事與教導 / 一行禪師 (Thich Nhat Hanh) 著；一葉譯. -- 初版. -- 臺北市：橡樹林文化，城邦文化事業股份有限公司出版：英屬蓋曼群島商家庭傳媒股份有限公司城邦分公司發行，2021.11
面；　公分. -- (善知識；JB0151)
譯　自：At home in the world : stories and essential teachings from a monk's life.
ISBN 978-626-95219-3-7(平裝)

1. 釋一行 (Nhâat Hanh, Thích) 2. 禪宗 3. 佛教傳記

226.69　　110018415

廣　告　回　函
北區郵政管理局登記證
北 台 字 第 10158 號

郵資已付　免貼郵票

115 台北市南港區昆陽街 16 號 4 樓

城邦文化事業股分有限公司

橡樹林出版事業部　收

請沿虛線剪下對折裝訂寄回，謝謝！

|橡|樹|林|

書名：我真正的家，就在當下——一行禪師的生命故事與教導

書號：JB0151

橡樹林文化

讀者回函卡

感謝您對橡樹林出版社之支持，請將您的建議提供給我們參考與改進；請別忘了給我們一些鼓勵，我們會更加努力，出版好書與您結緣。

姓名：＿＿＿＿＿＿＿＿＿＿　□女　□男　　生日：西元＿＿＿＿＿年

Email：＿＿＿＿＿＿＿＿＿＿＿＿＿＿＿＿＿＿＿＿＿＿＿＿

●您從何處知道此書？

□書店　□書訊　□書評　□報紙　□廣播　□網路　□廣告 DM　□親友介紹

□橡樹林電子報　□其他＿＿＿＿＿＿＿

●您以何種方式購買本書？

□誠品書店　□誠品網路書店　□金石堂書店　□金石堂網路書店

□博客來網路書店　□其他＿＿＿＿＿＿

●您希望我們未來出版哪一種主題的書？（可複選）

□佛法生活應用　□教理　□實修法門介紹　□大師開示　□大師傳記

□佛教圖解百科　□其他＿＿＿＿＿＿＿

●您對本書的建議：

＿＿＿＿＿＿＿＿＿＿＿＿＿＿＿＿＿＿＿＿＿＿＿＿＿＿＿＿

＿＿＿＿＿＿＿＿＿＿＿＿＿＿＿＿＿＿＿＿＿＿＿＿＿＿＿＿

＿＿＿＿＿＿＿＿＿＿＿＿＿＿＿＿＿＿＿＿＿＿＿＿＿＿＿＿

＿＿＿＿＿＿＿＿＿＿＿＿＿＿＿＿＿＿＿＿＿＿＿＿＿＿＿＿

＿＿＿＿＿＿＿＿＿＿＿＿＿＿＿＿＿＿＿＿＿＿＿＿＿＿＿＿

我已經完全瞭解左述內容，並同意本人資料依上述範圍內使用。

＿＿＿＿＿＿＿＿＿＿＿＿＿＿（簽名）

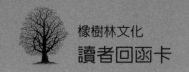